海上丝绸之路青少年科普丛书

广东省宣传文化发展专项资金项目

海上丝路之

舶来

珍品

丛书顾问　刘迎胜　陈佳荣　朱鉴秋

丛书主编　王元林

本书编著　陈鸿钧

SPM 南方出版传媒

广东科技出版社 | 全国优秀出版社

·广州·

《海上丝路之舶来珍品》创作团队

丛书顾问

刘迎胜

陈佳荣

朱鉴秋

丛书主编

王元林

本书编著

陈鸿钧

目录

蔬果之食 蔬果引进 农业发展 ·························· 107

海上丝路之舶来珍品

舶来珍品　舶来科技

　　中国与世界其他文明间的交流，很早便点燃跨越传递的火炬，"日月所照，梯山航海"，陆路与海路的交通是其最重要的渠道。"海上丝绸之路"与"陆上丝绸之路"一样，也是东西方的交通大动脉，它以船舶为依托，商贸为目的，承担科技和文化交流的角色。"海上丝绸之路"是东西方科技和文化的交流之路，而交流是双向的，正是有了这样的双向交流，在中国优秀的科技和文化向海外传播的同时，海外的科技和文化也沿着"丝绸之路"传入中国，对中国社会产生了重大影响，生动直观地呈现了中外互通有无的历史印记。

　　中国是"海上丝绸之路"的东方发祥地，形成于秦汉时期，发展于三国两晋南北朝时期，至唐宋元时期趋于成熟和繁荣，明清时期则臻于鼎盛。坐落在中国东南沿海的诸多港口城市宛如璀璨的明珠，在邈远的"海上丝绸之路"交通贸易史上闪耀着光彩，成为吸纳世界文明的口岸，琳琅满目的世界各地物品，在古老的航线上川流不息，汇聚在这里并传播到广袤的中华大地，为中华文明的发展做出了巨大贡献，流风遗绪，绵延至今。

秦汉时期

　　秦汉时期是"海上丝绸之路"兴起的时代，据史料明确记载，这时期中国船舶自岭南沿海出发，可直接抵达中南半岛、南洋诸国及印度东南海岸，间接可到达西亚波斯湾，通过红海进入地中海，驶入罗马。当时的进口商品，主要是由大秦国（罗马）输入中国的。据《后汉书》记载，大秦出产有金银、夜光璧、明月珠、珊瑚、琥珀、玻璃、青碧以及各种织物和各色香料等，均是进入中国的主要商品。这时期中国最主要的通商口岸是广州、合浦、交趾等地，大量海外玻璃制的杯瓶、烧珠和各种水容器，即是通过地中海转入或在沿途购买而运来广州的。故而海外各邦纷纷来广州求市，历代不绝。史书记载，中国"自此之后，明珠、文甲、通犀、翠羽之珍，盈于后宫，蒲梢、龙文、鱼目、汗白之马充于黄门，巨象、狮子、猛犬、大雀之群食于外囿，殊方异物，四面而至"。这些珠宝、香药、奇禽、异兽到了汉朝宫廷。同时，如苜蓿、菠菜、莴苣等蔬菜也输入民间引种。不仅互通有无，而且扩大彼此视野。两汉采取了积极的对外经济贸易合作，加强了中外之间的友好关系，相得益彰。

三国两晋南北朝时期

　　北方战祸连年，民生凋敝，而南方地区相对稳定平安，促使了北人南迁及"海上丝绸之路"的进步。随着造船、航海技术的提高，这个时期对外贸易的进口商品也有很大的增加。中国不仅继续与地中海及西亚诸

汉代西亚地区流行的鏨花高足铜杯

国保持着交通贸易往来，且重点放在发展南海的贸易。《魏略》一书列举了大秦国输入的物产，计有"金、银、铜、铁、铅、锡、神龟、白马、朱髦、骇鸡犀、玳瑁、玄熊、赤螭、辟毒鼠、大贝、车渠、玛瑙、南金、翠爵、羽翮、象牙、符采玉、明月珠、夜光珠、真白珠、琥珀、珊瑚、琉璃、缪琳、琅玕、水精、玫瑰、雄黄、雌黄、碧、五色玉、氍毹、金缕绣、杂色绫、金涂布、绯持布、发陆布、绯持帐、渠布、火浣布、阿罗得布、巴则布、度代布、温宿布、五色桃布、绛地金织帐、五色斗帐、一微木、二苏木、狄提、迷迭、兜纳、白附子、熏陆、郁金、芸胶、熏草木、十二种香"等。这些物产有许多显然不是出自大秦，如象牙、犀角、玳瑁等。林邑、扶南、阇婆（今爪哇）、干陀利（今苏门答腊）、狮子国（今斯里兰卡）、天竺（今印度）等地，都和中国保持和发展了经济贸易关系。进口货物又增加了象牙、犀角、玻璃、吉贝、乳香、没药、郁金香、佛像、婆罗树叶等。乳香有理气、止痛的功效，没药可用于活血、散瘀、消肿和定痛，是中医广泛应用的药物。这一时期的海外贸易，不单纯是高级消费品的进口，而且还输入了许多有实用价值并为广大群众所需要的民用商品。

交趾郡

是中国西汉至唐代的一个郡，位于今越南北部红河流域。之后交趾从中国独立，但中国、日本仍以"交趾""交址"称该地区的诸政权。北宋皇帝也封统治越南北部的丁朝、李朝皇帝为"交趾郡王"。

唐代双狮方形铜镜

隋唐宋元时期

中国的海外贸易达到了一个新的高峰，广州、泉州、明州（今宁波）更成为东方大港，已开辟了一条从广州出发航行至中亚、西亚等地的航线，这就是闻名于世的当时世界上最长的航线——广州通海夷道。这一时期与中国进行商品交换的国家和地区较以前要多，而入华物品种类和数量也较以前为甚。从整体来分，大概可分为药物、香料、宝物、纺织品、金属制品、杂品六大类。而进口商品中又可分为"粗色"和"细色"两种。"粗色"指的是一般货物，如胡椒、硫黄、迷香、吉贝布等；"细色"指的是贵重货物，如金、银、珠、人参、麝香等。进口商品大致按地区来分，一是南海（东、西洋）地区；二是从日本进口；三是从高丽输入。而广州依然是中国最重要的对外通商口岸，广州从南海（东、西洋）进口货物最多，舶货中的香料，几乎全是从这一地区输入。日本人真人元开所著的《唐大和尚东征传》说："（广州）江中有婆罗门、波斯、昆仑等舶，不知其数；并载香药、珍宝，积载如山。"唐人李肇《唐国史补》卷下也说："南海舶，外国船也。……狮子国舶最大。梯而上下数丈，皆积宝货……"唐德宗时，陆贽在《论岭南请于安南置市舶中使状》中也指出："广州地当会要，俗号殷繁，交易之使，素所奔凑。"《中国印度见闻录》也说："广府是船舶的商埠，是阿拉伯货物和中国货物的集散地。"综上所述，唐朝广州的进口商品，是以香药为主，也兼有其他商品，可谓有主有次，品种齐全，数量繁多。宋代来华物品更为可观，据史料记述有：太祖开宝年间（969—976），三佛齐多次遣使来华，他们携带的商品有水晶、火油、象牙、乳香、蔷薇水、万岁枣、褊桃、白砂糖、水晶指环、玻璃瓶、珊瑚树等。宋王朝以白氂牛尾、白瓷器、银器、锦线鞍辔（pei）、冠带、器币回赠之。神宗熙宁十年（1077），注辇国王地华加罗罗遣使奇罗副使南卑琶打等27人来贡豌豆珠、麻珠、琉璃大洗盘、白梅花脑、锦花、犀牙、乳香、瓶香、蔷薇水、金莲花、木香、阿魏、

唐代西亚绿釉陶壶

中国扬州出土。此器为唐代伊斯兰地区的传入品。

硼砂、丁香等。宋王朝答赠其王钱8万1800缗，银5万2000两。大食国则多次遣使来华，携带方物计有象牙、文犀、宝玉、珠贝、琥珀、玉桂、栋香、白龙脑、乳香、蔷薇水、五味子、都爹、无名异、腽肭脐、龙盐、眼药、千年枣、褊桃、花锦、越诺、驼毛褥面、绣丝、红丝、碧黄锦、红驼毛、间金钱璧衣、红丝吉贝、五色杂花、蕃锦琉璃器、碧白琉璃器、白砂糖、宾铁等。宋王朝回赠的物品计有裹衣、锦袍、冠带、被褥、紫绫缠头、缣帛、束帛、绫绡、器币、银器、银饰绳床、间涂金银凤瓶、水罐、器械、旗帜、鞍勒马等。

宋代香草纹银瓶

明清时期

随着大航海时代到来，"海上丝绸之路"打通了环球贸易航线，中西文化发生了更大规模的、更直接的和更具实质性的接触和碰撞，互相渗透，互相容纳，从而成为最重要的、影响最为深远的一次中西文化交流。这一时期中国的进口商品，除了白银之外，还有宝石、珍珠、乳香、龙涎香、各种香药、安息香、香料、没药、血竭、令羽、象牙、犀角、金铂、锡、铜钱、象、狮子、金钱豹、马哈兽、麒麟、花福禄、犀牛、骆驼、牛、马、驰鸡、驼鸡、孔雀、鹿、黄腊、高级奢侈品、各式布疋、功合油、木别子、盐、芦荟、折扇、纸、笔、墨以及新奇动物等。此外，外国商人、传教士等随船纷纷来华经商和进行传教活动。他们把西方国家的科学技术经广州传入中国各地，与中国原来的科学技术相结合，交相辉映，使中国的科学技术也逐步迈向近代化。

明代绘画《广州对外贸易港口景象》

煤油炉

    煤油炉又称火油灯，清末已经在广州出现，20世纪初在广州流行。其灯身有英文"PHOEBUS"（太阳神意）和"TRADEMARK"。

清代传入中国的打字机

器物之用

先进科技　交流创新

　　"海上丝绸之路"作为一条蓝色的纽带，不仅连接了中外商品贸易，也沟通了中外科学技术的交流。中国许多先进的科学技术向世界各地传播，同时许多西方科学技术也传入中国，与中国原来的科学技术相结合，交相辉映，使中国的科技也逐步迈向近代化。

　　中外交通贸易的结果，最直观地体现在各类新奇的"器物"之上，这些"器物"背后凝聚着各地人们的科学智慧、审美情趣和生活习俗，还预示着人类社会的发展趋势和方向。

世界地图

　　中国第一幅世界地图是由意大利传教士利玛窦（Matteo Ricci）传入的。1584年利玛窦入广东肇庆传教时，将从欧洲带来的一幅《万国舆图》呈现给岭西按察使王泮，王泮惊慕其绘制之精巧，请利玛窦译为中文，以便印行。利玛窦立即将西文地图重新摹绘一幅，注上中文，名曰《山海舆地图》。此是西方地理学和地图学传入中国之始。后于1598年修改，在南京翻刻印行12次之多，影响极大。正如当时利玛窦所说："世界地图已传遍各地，这确是他们不曾听见过的，连想也不会想到的。已经翻印10次以上，中国学者与显贵无不争相传阅，著文称赞和加以翻印。"

利玛窦与中国官员交流

　　此后耶稣会士艾儒略（Giulio Aleni）于1611年经澳门入广州，再经广州入内地北京、上海、扬州等地传教，于1623年在杭州出版其著作《职方外纪》，书中绘有《万国全图》《北舆地图》《亚细亚地图》《欧罗巴地图》《利未加地图》和《南北亚墨利加地图》，并分洲阐述世界各地区域和地理概貌。其解说较利玛窦的《万国舆图》更为详尽。

世界地图《坤舆万国全图》局部

1602年，利玛窦入北京后，为迎合神宗万历皇帝的心意和喜好，除了进献西洋自鸣钟、西洋火器外，还特别绘制了一幅《坤舆万国全图》，把中国画在世界中央，万历皇帝十分满意。全图以地球经纬度为依据，将世界五大洲（亚细亚、欧罗巴、利未加、南北墨利加、墨瓦腊尼加）和五带（热带、南温带、北温带、南寒带、北寒带）的地理科学知识详细介绍给中国，使中国人周知世界大势，扩展全球眼界。

入清以后，在西方地理学的影响下，康熙皇帝于康熙四十七年（1708）令在华的耶稣会士白晋、雷思孝、杜德美和费隐等与中国学者一道组成测绘队，跋山涉

利玛窦绘制的世界地图《坤舆万国全图》
南京博物院藏。

水，历时十年，走遍全国各地，运用当时最先进的经纬图法、三角测量法、梯形投影法绘制成比例为1：1400000的《皇舆全图》，又名《皇舆全览图》。这是当时世界上工程最大、绘制最精密的地图，英国学者李约瑟称它是"亚洲所有地图中最好的一幅，而且比当时所有的欧洲地图都更好更精确"。该图于康熙五十七年（1718）由耶稣会士马里贤在欧洲制成铜板图41幅印行，现沈阳故宫有藏本。乾隆二十五年（1760），乾隆皇帝又命会

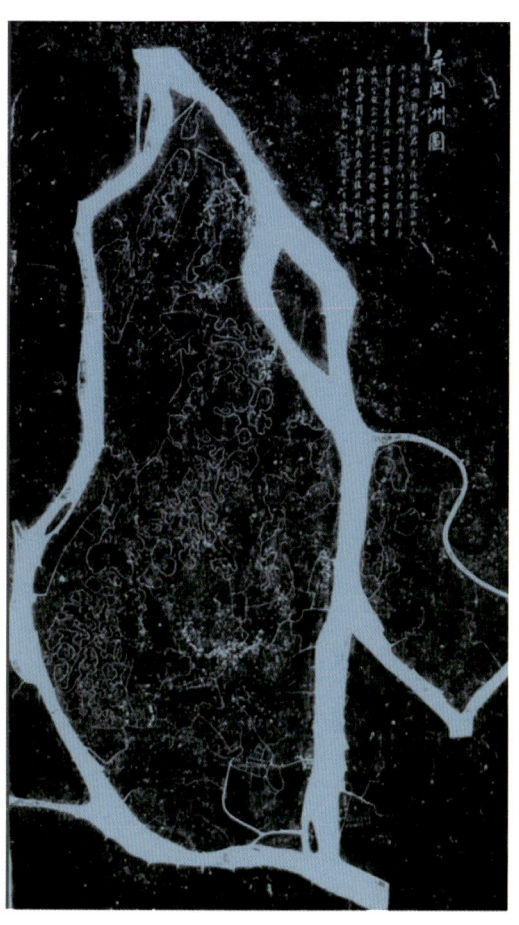

邹伯奇绘制的广东南海县《浔岗洲图》碑

邹伯奇精于测绘制图，他吸收西方科学方法，将我国传统的计里画方的地图绘制法改为经纬线绘制法。25岁那年，他绘成了《皇舆全图》这一本中国地图册，包括总图1幅和分图66幅。这套图册30年后始刻板发行，成为清代有名的地图。他根据地球为球形的认识，"以圆绘图"，注意经纬度成"半径与余弦之比例"。此种绘制地图的方法，在当时中国是很先进的。邹伯奇认为："绘地难以算天，天文可坐而推求，地理必须亲历。"后来，他指导弟子邹景隆绘制《浔岗洲图》，此图布局合理、周密、精确，被清代著名学者陈澧誉为"山水形势，无不毕肖，地图至此，精密极矣"。《浔岗洲图》碑现仍陈列于广州博物馆楼前碑廊。

士傅作霖、高慎密、蒋友人等绘制《乾隆皇舆全图》（又名《乾隆中国地图集》），共104幅，制作比《皇舆全图》更为精密，说明在西方地图制作技术的影响下，中国绘图水平已经明显提高，走在了世界的前列。

七政仪

18世纪中期，哥白尼的日心地动说已传入中国，这个学说在中国引起了守旧和先进人士之间的激烈争论，广东南海人邹伯奇支持哥白尼的日心地动说，制作了一架"七政仪"，以1个大圆球和8个小圆球分别表示太阳和各行星，手摇可以运转，演示太阳系各行星绕太阳运转的情况。他是第一个制作演示哥白尼学说的天球仪的中国科学家。他制作的这具太阳系表演仪，居然有八大行星，其中的海王星，还是在1846年才发现的。浑天仪是邹伯奇为"考证计算恒星行星出没，岁历之差"而制，是继东汉张衡"浑天仪"之后保存下来的又一个天文钟。该七政仪和浑天仪现藏于广州博物馆。除此之外，邹伯奇还制作了自鸣钟、漏箭及具有中国特色的天体仪，表现出他在天文、数学和机械制造上的天才。他设计的自鸣钟，源于比利时耶稣会传教士南怀仁的《灵台仪象

邹伯奇制作的天文仪器——七政仪

邹伯奇制作的天文仪器七政仪，能准确地显示日、月和水、金、火、木、土五大行星的运行情况，代表了当时中国科技的最高水平。

邹伯奇制作的天文仪器——浑天仪

以上均为邹伯奇曾孙邹孟才捐赠。

图考》一书，融会贯通、别出心裁地使其可指示日、月、季节、年，和现代的各种钟表没有差别。他还著成《说自鸣钟》以介绍自鸣钟的结构原理，足证他注意吸收外来文化之精华。

望远镜

望远镜，时称"千里镜"，于明代晚期传入中国，清代数量不断增多。清初文人已对其结构和性能等进行描述。曾访问过广州荷兰馆的乐钧和曾七如都曾称赞此物，前者云"楼窗悬镜望重洋"，后者称"有千里镜，可以登高望远，二三里能鉴人眉目"。乾隆时期，广州的富商显宦已使用此物。十三行总商潘有度曾对此作了绘声绘色的描述："万顷琉璃玉宇宽，镜澄千里幻中看。朦胧夜半炊烟起，可是人家住广寒？"他还在诗下加注："千里镜，最大者阔一尺长一丈，旁有小镜看月，照见月光约大数丈，形如原球，周身明彻，有鱼鳞光。内有黑影，似山河倒照，不能一目尽览，为向月中东西南北看。久视则热气射目。夜静，友人用千里镜照见月中烟起，如炊烟。"

清代单孔望远镜

旧式望远镜

显微镜

明末清初，随着东西方交通和贸易的发展，西方传教士纷纷来到中国，他们不仅传播宗教，也带来西方的科学知识和新器物，显微镜即是其中之一。

显微镜传入中国之初，被称作"察微镜"，至清代文人李渔著《十二楼》一书时，才将其称作"显微镜"。李渔在书中这样描述道："显微镜，大似金钱，下有二足，以极微极细之物置于二足之中，从上视之，即变为极宏极巨，蚁虱之属，几类犬羊；蚊虻之形，有同鹳鹤。并蚁虱身上之毛，蚊虻翼边之彩，都觉得根根可数，历历可见。所以叫作'显微'，以其能显至微之物而使之光明较著也。"

显微镜传入中国的确切时间无法确定。1687年，法王路易十四派了一批传教士来华，他们给康熙皇帝带来了不少法国的奇器，其中就有显微镜。由于第一批传教士带来的奇器不多，作为会长的洪若翰赶紧给法国方面写信，要求送来更多的奇器，各种显微镜自然也是少不了的。后来的几批传教士都带来了不少显微镜，这些显微镜不仅仅呈现在康熙、雍正、乾隆面前，也逐渐为士绅达官所识。乾隆十六年（1751），杨德望和高类思赴法国留学，学习物理学、化学、博物学等，法王路易十五还赐给了他们显微镜和望远镜。

清代时期的显微镜大部分是传教士带来的，但也有一些是国人自己制造的。还是在顺治朝，有一个叫作孙云球的吴江人，此人从西学中学到了一些光学的知识，并且善于磨制镜片，主要是制作眼镜和望远镜，也有一些显微镜。他曾写过一部《镜史》，书中这样介绍显微镜："镜用俯视，以极微细之物，置三足之中。视醮鸡头尾了然，视疥虫毛足毕现，蚊蟊宛如燕雀，蚁虱几类兔猿。博物者不特知所未知，信乎见所未见。"据推测，他可能既会制造单式显微镜（存目镜），也会制造复式显微镜（察微镜），只可惜没有实物留给后人。康熙朝的黄履庄也是一位能工巧匠，不但制作了温度计、湿度计、机械狗等机巧器械，而且也善于自制显微

清代传入中国的显微镜

纪昌学射箭

"蚁虱之属，几类犬羊"来自古代《列子·汤问》中的一则故事，说的是有个叫作纪昌的想要学习射箭，他的师傅要求他做到"视小如大，视微如著。"经过三年的锻炼，纪昌可以将悬挂在牦牛尾巴上的虱子看成车轮那么大了。这是对神射手眼力的一种考验，不过在列子所处的战国时代，人们却没有办法做到真正可以"视虱如轮"，这当然是个传说。到了16世纪后期，西方人发明显微镜并传入中国，"视虱如轮"已然变成现实。

咏显微镜

乾隆皇帝

玻璃制为镜，视远已堪奇。

何来傻谍器，其名曰显微。

能照小为大，物莫遁毫厘。

远已莫可隐，细有鲜或遗。

我思水清喻，置而弗用之。

镜和望远镜等光学奇器。其后又出现了一位光学家邹伯奇，此人尤其擅长制作照相机并为人摄像，而且他还用摄影术绘制了广东沿海的村落地图。在他所著的《格术补》一书中，他给出了透镜成像的原理和计算公式，以及望远镜和显微镜的制作方法，而他本人也制作了不少望远镜和显微镜，梁启超称赞"以算学释物理，自特夫（邹伯奇字特夫）始"。

显微镜的出现，对整个世界都产生了深远的影响。正如望远镜可以让人类将遥远的星空拉到眼前一样，显微镜可以让微乎其微、不能由感官直接察觉的生物和非生物暴露于人类眼前。更为重要的是，望远镜所见毕竟是遥远之处存在之物，显微镜所见似乎是本来没有的东西，这种"无中生有"的感觉更让人觉得惊奇。

眼镜

清代旧式眼镜

眼镜最早出现于1289年的意大利佛罗伦萨，据说是一位名叫阿尔马托的光学家和一位生活在比萨市的意大利人斯皮纳发明的。约在明代中期，西洋眼镜就从海路传入到了中国。明万历田艺蘅在《留青日札·卷二·叆叇》云："每看文章，目力昏倦，不辨细节，以此掩目，精神不散，笔画信明。中用绫绢联之，缚于脑后，人皆不识，举以问余。余曰：此叆叇也。"这里的叆叇即最初的叫法。

屈大均对眼镜曾作《玻璃镜》诗一首云："谁将七宝月，击碎作玻璃。绝胜菱花镜，来从洋以西。"他在《广东新语》又记载称："玻璃来自海舶，西洋人以为眼镜。儿生十岁，即戴一眼镜以养目光，至老不复昏朦。"

西洋钟表

　　在中西文化交流史上，西洋钟表可谓一种地道的舶来品。西洋钟表传入中国是伴随着天主教而来的，作为礼品和商品进入了中国。西洋机械钟表，不似中国传统的报时方式，故传入中国后泛称为"自鸣钟"，16世纪中期由耶稣会士先引入澳门，再传至中国内地，此后逐渐被中国人普遍接受。

　　钟表自传入中国始就扮演了一种非同寻常的角色，成为东西方之间相互交往了解的媒介。从早期传教士带给中国人的惊奇到赢得中国人的认同，从在中国内地取得居留权到打开中国皇宫的大门，从私人交际携带的礼品到国家使团献给皇帝的贡品，从皇室用品的采办到中西间的贸易活动，其间都能看到钟表的影子，钟表在中国传播和被认识接受的速度是其他任何西方物品无法比拟的。随着西洋钟表在中国的传播，并逐渐在宫廷、官府、商贾、贵族、士大夫家庭乃至民间的普及，中国多处地方出现了专门的钟表制造，并成为清代手工业颇为独特的一行。而广州则首当其冲地成为钟表制造之翘楚者，其所制造的钟表世称"广钟"。广州作为中国南方的重要通商口岸，其工匠从学习模仿到创新自制，最终创制了独具地方特色的"广钟"，其技术和工艺深刻影响了宫廷御制钟表及其他地方（如苏州、福州、上海等）钟表的制作。广州不仅是西洋钟表入华的窗口和推广的起

清代西洋自鸣钟

清代西洋自鸣钟

引自广州文化局编的《羊城文物珍藏选》。

点，也是中国自鸣钟的发源地，影响至深至远。

广钟

公元1601年，意大利传教士利玛窦（Matteo Ricci，1522—1610）向明万历皇帝进献了2座自鸣钟，是为中国宫廷中最早的机械钟表。17世纪至18世纪中后期，中国仿制出自鸣钟，并且在宫廷内开始有组织有规模地进行钟表制作。西方钟表工匠陆续进入清宫廷内，为中国皇家制作钟表。这些金碧辉煌的各式机械钟表，既有西洋风格，又融合东方特质，反映出明清时期东西方文化交融的特点。

清代广钟

当时广州作为对西洋贸易的"一口通商"口岸，聪明的工匠们从代表西方物质文明的钟表里获得启发，并模仿制作。乾隆年间，来华谒见乾隆皇帝的英国使臣在《英使谒见乾隆纪实》中记载了他在广州见到的工人制作钟表的情形："广州工人模仿本领很高，他们能制造和修理钟表，模仿西洋画和水彩画。广州工匠所加工的铜片质地精细，颜色光亮，远远超过欧洲工匠。"在广州的外销画中，就有专门出售钟表的钟表店。

乾隆时期编纂的《广州府志》记载："自鸣钟本出西洋，以索转机，机激则鸣，昼夜十二时皆然。广人亦能办之，但未及西洋之精巧。"由于早期的广钟多仿西式，质量不是太好，故乾隆十四年（1749），皇帝敕谕粤海关监督，要求进贡质量好的洋钟表，粤海关只好花高价购买进口钟表进贡。乾隆中期以后广钟的质量有了长足进步，其外观和内质都可与西洋钟表媲美。广东地方官又开始将其作贡品进献给皇帝及京官，此后每年粤海关都要向宫中进献钟表，清宫成为国内钟表最集中的收藏地。

从清宫现存钟表藏品来看，广州钟表具有非常浓郁的民族和东方特色。其整体造型多仿中式建筑，如亭、台、楼、阁、塔等，或仿葫芦、瓶、盆等具有吉祥象征的器物形状，给人以庄重典雅之感。内部机械结构也相当复杂，除了欧洲钟表所具有的走时、报时、伴乐系统外，还有变化多样的玩意装置。这些玩意或以文字对联的形式表达祝愿，如"龙凤呈祥""招财进宝""人寿年丰"；或以中国传统瑞兽搭配吉祥图案，如三羊寓意"三阳开泰"，以灵芝、仙鹤、鹿、象、佛手寓意"福禄长寿"等。

广钟还有一个突出的特点，即其表面多是色彩鲜艳的各色珐琅。这种珐琅又称"广珐琅"，细密透明，有黄、绿、蓝、红几种颜色，装饰细密繁缛，自成规律。

照相机

银版照相之术自从1837年在法国问世之后，没过几年就从西洋传入中国。

旧式照相机

最早的照相机是由供职于中国海关的法国人儒勒·依蒂耶（Jules Itier，1843—1846在职）1846年带进中国的。清人周寿昌的《思益堂日札》记载道光丙午年他旅居广州，见到有关取影器的记述。因此有人推断，道光丙午年是公元1846年，中英《南京条约》签订的第4年。那时候，到中国游历的外国人日渐增多。周寿昌看到的这架照相机就是进入广州的西方人带来的。所以，至迟1846年照相机已经传入中国。宫里面最喜欢照相的就是后来被慈禧害死的珍妃。

最早研究仿制西洋照相机的中国人是晚清广东南海人邹伯奇。

清代照片

邹伯奇17岁时就开始研究光学。他从北宋沈括《梦溪笔谈》中得到启发，认为针孔成倒像和凹面镜成倒像的原理是一致的。利用这个原理，进行了几年的探索和无数次的反复试验，道光二十四年（1844），他用镜取火，忽然悟出凹面镜能摄影，急忙将窗户关闭，在板上钻洞以验证，触类旁通引中以木箱为暗箱研制成"摄影之器"。他利用这个"摄影之器"绘制地图，后来写了篇《摄影之器记》予以描述："以木为方箱，前面开孔，置中高镜，中张一净白薄纸，后面为门，将此器前面向所欲绘之处，以黑布蔽后面，开门视之，则此地诸物悉见纸上，形色位置不失毫厘，以彩笔摹之，则为平远山水一幅，又移别位，复摹一幅，以二幅其差角，即得各地之远近，可以画为平面图矣。变而通之，其用不穷，亦快事也。"邹伯奇发明的这台"摄影之器"，其实只是一台利用小孔成像原理绘图的投影机。但这也显示了他敏于思考、勤于试验的优良品质。邹伯奇将这一发明归功于《梦溪笔谈》的启发，其实这应该是他长期潜心钻研、重视科学实验的结果。《梦溪笔谈》一书谓："阳遂照物皆倒，中间有碍故也，算家谓之格术。"这种"格术"之术，早已湮没失传。而邹伯奇穷追妙理，观察日月之光影，悟出望远镜、显微镜的

海上丝路之舶来珍品

原理，写出《格术补》一书。他在这部书中提出近视、远视的原因以及校正的方法，论述了透镜成像的原理和公式，而且与现代教科书所言一样，成了中国晚清几何光学的重要专著之一。在发现"摄影之器"后，他继续深入研究摄影术。1962年在他的故居发现了他的5张自拍像，从其自题《自照遗真》诗所云"行年将五十"

清代邹伯奇自拍像

可证其为晚年所照。同时还发现他的一些诗文遗稿和他用过的一些摄影器材。据说邹氏使用的照相机抗战初期还在家乡石门中学展览过，后来却不知去向，难以考证此照相机是否自制。现存的是他自制的木质三脚架及一些照相用具。在遗存手稿中，有一篇专门介绍摄影机的构造和摄影过程。据今人研究，该稿记述的"操作过程也符合当时湿片照相法的要求"，显影液的成分和《色相留真》所介绍的完全相同，"其所取药料能结合实际，不是纯粹依赖外国货"。摄影术是在鸦片战争前后传入我国的，但这时掌握摄影术者国人为数寥寥。邹伯奇可以说是中国摄影技术研究者的先驱，他自己拍摄过多张相片。新近发现的他所拍的5张相片的底片，虽时隔百年，仍清晰可见。现藏于广州博物馆的一张，是他本人半身坐像，无论构图、光线都有相当水平。这应该是19世纪60年代中国人自己拍摄的最早照片之一，弥足珍贵。

自行车

　　自行车是中国民众生活中的寻常之物，也是西方人发明制造并于清末传入中国的。传入中国的确切时间已不可知，据现有文献记载，清同治七年（1868）十一月，上海首次由欧洲运来几辆自行车，是人坐车上、两脚踏地引车而走的业余消遣娱乐性代步工具。同治十三年（1874），法国人米拉从日本运来人力车输入上海，这种车称为"东洋车"，因其色黄又叫"黄包车"，成为代步工具。随后沪上兴起了人力车的修、租、贩、制业。

旧式自行车

　　清光绪十一年（1885）后，英商怡和、德商禅臣、法商礼康等洋行将自行车及零件列为"五金杂货类"输入上海，到19世纪末在上海已有广泛市场。原来设摊修理马车、人力车的诸同生，于光绪二十三年（1897）选址南京路（今南京东路）604号，开办了同昌车行，经营自行车及零配件。光绪二十六年（1900），上海有惠民、曹顺泰等六七家车行，销售

中国现代的自行车大军

人力车、马车及自行车零配件，以卖带修。民国四年（1915），上海有近20家自行车商店。第一次世界大战结束后，邮电事业发展，自行车成为邮差的交通工具，自行车需求激增，市区又新开了一批自行车商店，形成了以老闸区（今黄浦区）为中心的自行车销售网络。

民国十七年（1928）同昌、大兴（两家）、得利、泰昌、润大等成为上海六大车行。一批华人创办的自行车零配件制造商行和商办工场也逐步出现。如王发兴工厂生产前叉、泥板；大兴车行进口钢管接头，聘请2名日本技工，生产车架（自行车主件），组装"红马"和"白马"牌自行车，这是最早的国产自行车。民国十九年（1930）六月，以经营橡胶车胎及车料为主的车行成立了上海橡皮五金车料同业公会。民国二十一年（1932），得利车行等17家规模较大的车行（职工135名）成立了上海脚踏车贩制业同业公会。修租兼营零售的中小型车行王兴业等240余户，民国二十二年（1933）四月组成了上海市修租脚踏车同业公会。并且它们都参加了市商会。

民国二十六年（1937），脚踏车贩制业同业公会从17家增至30多家，称为"大同行"；修租脚踏车同业公会由240多户发展为400余户，称为"小同行"。前者以贩制为主，后者以修租为主，整个自行车市场受"大同行"中几家大车行控制。抗日战争期间三轮脚踏车（简称三轮车）风行于市。三轮车身与黄包车相似，配件与自行车大同小异，车胎、钢圈、飞轮、链条、牙盘、车条、车把、踏脚等都可通用。一些零件厂、工场以及车行投入了三轮车装配和经营。20世纪40年代初，上海的三轮车达2.6万余辆。源隆、顺昌、顺风等一批新的车行应运而生。

清代骑自行车的姑娘

民国骑自行车的姑娘

民国三十一年（1942）十二月，上海市三轮车出租商业同业公会成立，有团体会员（车行）29家，拥有出租三轮车9700余辆；个体会员6000余人，拥有营业三轮车16300多辆。民国三十五年（1946）二月，上海脚踏车贩制业同业公会更名为上海市脚踏车商业同业公会，有会员110户。

民国后期，中国还没有自己真正的自行车制造工业，绝大部分的所谓车行，只能制造和销售自行车的零配件。1930年前后，华商聘请了日本技师，才组装出"红马"和"白马"牌的两种最早的国产自行车，但不少部件仍靠进口。中华人民共和国成立之后，有了自己生产的"永久"和"飞鸽"牌自行车。

清代传入中国的熨斗

缝纫机

缝纫机是德国人发明的，发明的时间大致是与自行车同时代的19世纪初叶。德国的利康缝纫机器制造厂位于德国的图拉区镇（Durlach），据称已开设80余年（经推算，当开设于1830年前后），1914年时，该厂占地100多英亩（41.67平方米），有工人5752人，办事员560人，可称当时世界上规模最大的缝纫机制造厂。

缝纫机何时传入中国无法确知，据现有文献记载，1914年，德国利康公司在中国的上海、杭州、汉口、青岛、胶州、济南、南昌、宁波、绍兴、潍县、周村、沙河、即墨

20世纪30年代美国生产的缝纫机

等13个城镇设有利康缝纫机器发行所。也就是说，在1914年的中国，德国的利康牌缝纫机已在广泛使用了，因此，缝纫机引入中国的时间应该远远早于1914年。当然，它的推广速度是缓慢的，这有赖于中国人服装的改制，清政府被推翻和民国政府的建立、中山装以及西服的引进，为中国人广泛使用缝纫机提供了催化剂。

德国利康牌缝纫机厂在中国上海还登出了一则"缝衣机器广告"，声明："当今中华民国自建共和以来，万事维新，即西式衣服业已通行全国，莫不爱其便利异常也。所惜制造无方，故日用西式衣衫必购自店铺，此种便利外输实为浩大难塞，惟有创造各种缝衣机器，能制百样中西衣服，心意所及，均可立时告成，且其成件之精细坚固，尤胜手工万倍……"

缝纫机在中国的推行始于家庭加工业的裁缝店，然后再有大中型的服装加工厂的批量购买。利康洋行的中国买办在广告书中撰写《实业论》，鼓吹实业强国富民的方略，文中写道："愿我中华民国男女同胞，振起精神，快学实业之真技，速办有用之缝机，即得无穷之利益，更挽独有之权利，富国富家基在此乎！"直至今日，这买办的实业救国论者还在鼓动着中国的一些地区大办制衣工厂。

缝纫机在中国产生了很大影响，仅就上述上海德国利康牌缝纫机而言，当时利康缝纫机器男学校开设在上海英租界四川路116号利康洋行总行的3楼上，有学生100余人，教师6人，分班教学。可见当时利康缝纫机在中国的销售状况之火爆，许多中国孩子无钱上学读书，便把学习缝纫技术当作一门吃饭的手艺来下功夫。直到20世纪七八十年代，缝纫机仍名列中国人结婚的三转

20世纪初英国制造的收音机

（自行车、缝纫机、电风扇）一响（收音机）四大件中。上海的蜜蜂牌、蝴蝶牌（早期叫无敌牌）缝纫机曾长期需凭票供应。大致自20世纪90年代始，购买成衣成为中国人的衣着习惯，缝纫机开始逐步退出家庭。

洋伞

伞是一种遮阳或遮蔽雨、雪的工具。中国是世界上最早发明伞的国家，从发明之日到现在至少也有3500多年的历史，当时被人们称之为"簦"。到了后魏时期，伞被用于官仪，老百姓将其称为"罗伞"。官阶大小高低不同，罗伞的大小和颜色也有所不同。皇帝出行要用黄色罗伞，以表示"荫庇百姓"，其实主要目的还是为了遮阳、挡风、避雨。伞在中国诞生之后，随着对外交流的日益扩大，也就逐渐传到了国外。日本在唐朝时先后向中国派出了19批"遣唐使"，多达500余人，其中有医师、画师、音乐家及各方面的学者，他们到中国专门观摩和学习中国文化，不仅把中国的历法、天文、音乐、美术等文化带到了日本，也将包括制伞工艺在内的多种生产技术、制造工艺带到了日本。

中国传统油纸伞

受汉族文化影响，亚洲许多国家很早就有使用伞的传统，而欧洲至16世纪才开始风靡中国伞。1747年，英国一位叫祖纳斯的商人到中国旅行，发现中国人打着油纸伞在雨中行走，雨停后把伞一收，随身携带，甚为方便，回国时便买了一把。回去后不久，正逢一个雨天，他便撑开带回去的那把雨伞在伦敦街头行走。按当时英国的宗教传统认为，天上下雨是上帝的旨意，用伞

海上丝路之舶来珍品

遮住雨就是违反天意，是大逆不道的。他因此受到嘲骂和诅咒，甚至有人向他投掷鸡蛋。但是，伞的好处却人人可见，终于在一片反对声中逐渐盛行起来。到19世纪中叶，伞成了英国人的生活必备品，而且用伞也成了英国人的一种荣耀。

伞是从中国传到外国去的，经西方人的改进再传回中国，便叫作洋伞。洋伞用铁做伞骨，蒙上布、绸子或尼龙而做成。

清代传入中国的洋伞

佛郎机炮

佛郎机炮是15世纪后期至16世纪初期流行于欧洲的一种火炮，佛郎机炮来源于鹰炮。15世纪的鹰炮（falconetto）[意]，其名源于老鹰（falcone）[意]。佛郎机炮能连续开火，弹出如火蛇，又被称为速射炮。当时是由葡萄牙人传入中国的，明代称葡萄牙为佛郎机，所以就将此炮命名为佛郎机炮，简称弗朗机。

佛朗机由欧洲发明，明嘉靖元年（1522）由葡萄牙传入中国。嘉靖三年（1524），明廷仿制成功第一批32门佛朗机，每门重约300斤，母铳长2.85尺，配有4个子铳。之后，明廷又陆续仿制出大小型号不同的各式佛朗机，装备北方及沿海军队。明朝嘉靖元年（1522），时任广东巡检的何儒，在泊于此地的西班牙、葡萄牙商船上看到一种新式火炮，射程为2000尺，嘉靖三年（1524），得其制法，"以铜为之，长五六尺，大者重千余斤，小者百五十斤，巨腹长颈，腹有修孔。以子铳五枚，贮药置腹中。发及百余丈。"造出了第一批这种

明清弗朗机大炮

武器，当时称为"佛朗机"，《明世宗实录》提到："中国之有佛朗机诸火器，盖自儒始也。"当时明朝称西班牙、葡萄牙为"佛朗机"，故以其国名称呼这种武器。

红夷大炮

红夷大炮，是欧洲在1500年至1520年制造的一种火炮（原名小佛朗机），明代后期传入中国，改进后称红夷大炮，也称为红衣大炮。

红夷大炮在设计上确实有优点，炮管长，管壁很厚，而且是从炮口到炮尾逐渐加粗，符合火药燃烧时膛压由高到低的原理。在炮身的重心处，两侧有圆柱形的炮耳，火炮以此为轴可以调节射角，配合火药用量改变射程；设有准星和照门，依照抛物线来计算弹道，精度很高。

所谓"红夷"者，红毛荷兰与葡萄牙也。因此很多人认为红夷大炮是进口荷兰的，其实明代将所有从西方进口的前装滑膛加农炮都称为红夷大炮，明代官员往往在这些巨炮上盖以红布，所以讹为"红衣"。据考证，明代进口的红夷大炮只有少量是从荷兰东印度公司进口，后来因台湾问题与荷兰人交恶，大多数是与澳门的葡萄牙人交易得来的，明代当时的需求量巨大，葡萄牙人还做中间商将英国的舰载加农炮卖给中国。

清代李调元《南越笔记》记载："西洋大铜铳者，重三千斤，大十馀围，长至二丈许，药受数石，一发则天地晦冥，百川沸腾，蛰雷震烨，崩石摧山，十里之内，草木人畜无复有生全者。红毛夷人擅此大器，载以巨舶，尝欲窥香山澳门，胁夺市利。澳夷乃仿为之，其制比红毛益精云。"

清代红夷大炮

日本刀

　　日本刀最早仿自我国西汉环头直刀，后又模仿"唐大刀"，并以其为蓝本，对冶炼方法、淬火技术、造形变化等逐年加以改进，至镰仓时代（12世纪）初期其兵器之制作已脱胎于我国而自成一格，而且对历代刀工名录"各系锻造方法均做了极有系统的整理，其系谱

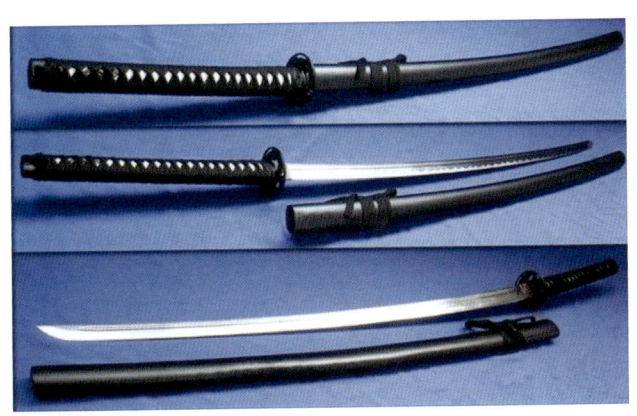

明清日本刀

如字典般精确且查阅迅速。到明代冶炼技术已超越我国。的确，日本什么都学别人的，而又能推陈出新，其钻研精神值得我们学习。

　　北宋诗人欧阳修的《日本刀歌》中提到："昆夷道远不复通，世传切玉谁能穷。宝刀近出日本国，越贾得之沧海东。鱼皮装贴香木鞘，黄白闲杂鍮与铜。百金传入好事手，佩服可以禳妖凶。"由此诗可看出日本刀在平安时代后期、镰仓时代初期已经被外国认可并成为日本的输出产品之一。当时中国有越地（今中国华南地区）的商人专为购刀而前往日本。

海上丝路之舶来珍品

张之洞

（1837—1909年），直隶南皮（今属河北）人。洋务派官僚之一。1884至1889年任两广总督期间，引进外国机器，创办了石井枪弹厂、广东钱局、广州机器织厂、纺纱官局等近代企业。

石井枪弹厂（广东兵工总厂）

1887年建成的石井枪弹厂。它引进德国机器，专门生产军工产品。

珠玑琉璃

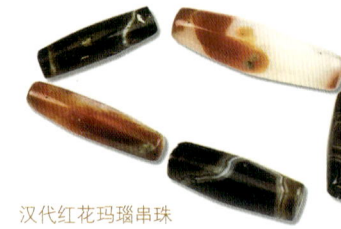

汉代红花玛瑙串珠

　　《史记》《汉书》均称当时广州已是珠玑、犀象等南海宝货集散之辐辏地。《史记》："番禺，亦一都会也。珠玑、犀象、玳瑁、果布之凑。"《汉书》："番禺近处海，多犀象、玳瑁、珠玑、银铜、果布之凑，中国往商贾者多取富焉。番禺其一都会也。"所谓珠玑，就是珠饰品，从汉墓出土的情况看，珠玑的物质种类主要有玛瑙、琥珀、水晶、鸡血石、石榴石、煤精、硬玉等。

　　两广地区汉墓出土了大量的玻璃制品和珠饰，同时期中原地区却颇为少见。

　　两广汉墓中出土的各类玻璃珠饰可分为玻璃、玛瑙、琥珀、水晶等不同类型。而这一地区出现最早的玻璃制品是在南越国时期。其中一类是具有中国特色的仿玉玻璃，而更多的是富有域外特色的项链、珠串等饰品。这些玻璃制品和珠饰有些为中国本土制造，但在制作工艺和风格上明显吸收了海外元素，有些直接属于舶来品，即从海外输入。广州、合浦属当时"海上丝绸之路"之重要港市及海货聚散之地，在这里发现诸多玻璃制品和珠饰自然不足为奇，同时也说明了玻璃制品在被大量使用的过程中，中外文化

汉代玛瑙琉璃珠饰

也在不断地相互传播交流。这包括西方风格的工艺品经过本土化之后融入人们的生活中，中国本土化的过程，也是不断吸收利用其他文化的过程。

玻璃

自先秦至汉代，中国已能生产玻璃，但这一时期的中国玻璃属铅钡玻璃，质量不如大秦（古罗马帝国）生产的钠钙玻璃，所以后者是罗马帝国对东方贸易的主要输出品之一，在汉地异常名贵。当时多通过海路来华，因而在两广地区的汉墓屡见出土。

《汉书·地理志》中有汉武帝遣使入海购买玻璃的记载，《魏略》也说大秦出产"赤、白、黑、绿、黄、青、绀、缥、红、紫十种流离"。

罗马玻璃色泽光亮，绚丽美观。广州小北横枝岗西汉墓出土了3个玻璃碗，呈深蓝色，半透明，平底，略带台足，广口，大小相近，口径10.6厘米，壁厚0.3厘米，碗的内壁光滑，外壁经打磨呈毛玻璃状，口下磨有一道宽弘纹，并有朱砂染过的痕迹。根据科技鉴定分析，3个玻璃碗均属于钠钙玻璃类，与中国古代传统的铅钡玻璃类不同，兼之其形制特征与制作风格，显示为地中海南岸罗马玻璃中心公元前1世纪的产物。广州这3个玻璃碗与广西贵县东汉墓出土的蓝绿色玻璃碗，均属古罗马产品，自海路舶至中国。

两广汉墓出土有诸多琉璃珠串，经样品化验，其结果琉璃珠中铅、钡成分甚微，甚至没有，与中国古代琉璃所含成分不同，而与古代西方玻璃成分十分相似，无疑也是外来品，即从"海上输入的舶来品"。

从岭南输入的海外舶来玻璃，不仅汉代在中原名贵异常，即使到了唐代仍然一样，《资治通鉴》记载，唐代后期代宗皇帝得到岭南进贡的一个"琉璃盘"，遂奉为至宝。

广州是中国自制玻璃的重要产地之一，也是进口外国玻璃的门户。广州生产的玻璃，当时俗称"广铸"或"土玻璃"，轻薄而脆，传世品极少。

琥珀

琥珀是由树脂石化而成的一种有机化合物，具有坚实、重量轻、色泽鲜艳的特点，是制作各种装饰物、珠串、印章的首选材料之一，在汉代琥珀还被认为有辟邪作用。

琥珀出产于大秦（古罗马帝国）、中国云南石寨山、李家山等地。两广汉墓多有出土，考古工作者认为，虽然中国等地均有琥珀出产，"但云南石寨山和李家山两处汉墓都不见有琥珀出土，所以两广的琥珀串饰不会来自云南，其来源应与当时海外贸易有关。"根据史籍记载，大秦常以琥珀作为通好的礼物或贸易的商品，所以在两广发现的琥珀制品很可能是从海外输入的。

汉代琥珀小狮

广西合浦出土。琥珀出自欧洲波罗的海治岸。狮子产于印度、欧洲东部和非洲，汉代开始输入中国。

犀角

犀角产于东南亚、南亚、非洲。中国史料很早就有南亚犀角从海路转运而至的记载。《汉书·平帝传》："元始二年（公元2年）春，黄支国献犀牛。"《汉书·王莽传》有"黄支国自三万里贡生犀"，所谓黄支国即今印度。东汉班固《西都赋》有"西郊则有上林禁苑，其中有黄支之犀"之句，可知当时宫廷已饲养有海外犀牛。犀牛之角即犀角，可以制觥（古代的一种酒器）、衣带，可以药用（如解毒退热、涂抹伤口等），在汉代又被视为有灵异功能，因而名贵异常。

在广州汉墓中有陶制犀牛模型发现，如1955年在广州东山大元岗汉墓出土了4件，陶质，红黄色，略残，大小相类，约10厘米长；1960年在广州三元里马棚岗汉墓出土了15件，其中9件为红黄色胎，较软，6件为青灰色胎，陶质坚硬，形制相若，角夹削平，底部挖空成圆锥形，与角体相应，底径6厘米，长17厘米。同墓出土的还有木胎黑漆扁壶，高34厘米，腹部两面皆饰彩色犀牛图案。犀角的考古出土，结合文献记载，是为古代海外交通贸易的绝佳实物见证。

南越笔记

清　李调元

犀角出暹罗者，内凹外凸，气微腥；出占城者，四周圆整，注沸酒且香，照之有血晕者价两倍。饮食中以犀角搅之，有毒则白沫生。

海上丝路之舶来珍品

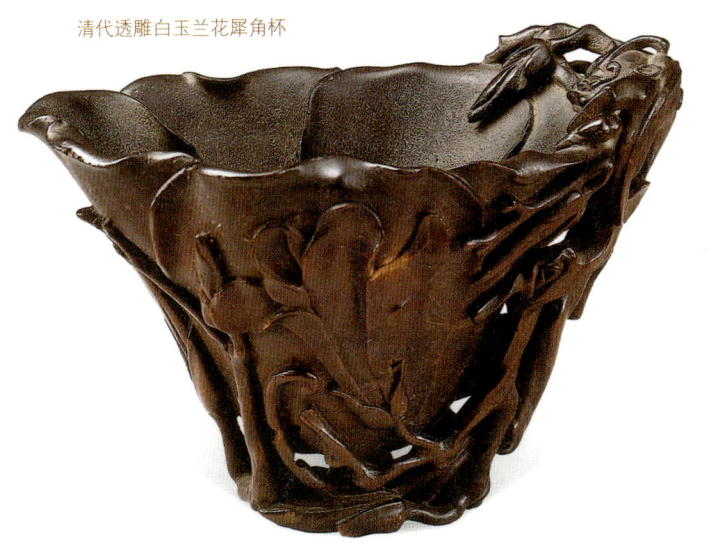

清代透雕白玉兰花犀角杯

清代全形雕犀角杯

汉代陶犀（牛）角

犀角是一种名贵中药材，盛放在犀角杯中的酒或水能吸取犀角本身的药性，起到清凉解毒的作用，故而犀角大多被用来制作杯子，兼具观赏和实用功能。中国并不出产犀角，大多从国外进口，因而更显珍贵。

象牙

与犀角不一样的是象牙，因为中国不产犀但产象，古代岭南一带有象群出没，但广州汉墓出土的象牙并不是中国出产的。

广州南越王墓出土了丰富的象牙制品与象牙，如象牙龙首形饰件、象牙印章、金银扣线刻画填彩象牙杯，尤其难得的是还出土了一捆原支象牙，共5支，成堆叠置在一起，每根长度均超过1.2米，最长达1.26米，均为粗壮型，形态特征、大小比例与现生非洲象较为接近，而与现代长细型象牙的亚洲象有明显区别，所以一般认为这5支原支象牙是辗转输入的海外舶来品。

南越王墓中除了5支非洲象牙外，还出土了多件象牙器及象牙残件，如象牙卮、象牙算筹、象牙棋子、象牙饰片等，除前室和后藏室没有发现象牙及象牙制

海上丝路之舶来珍品

品外，其他墓室中均有出土。可见，当时岭南地区确实有以象牙作器的风习，岭南工匠已经熟练掌握了牙雕技艺。其实广州象牙由来已久，早在佛山河宕新石器晚期人类遗址中，就发现了原始的象牙制品环、梳形首饰和1件形似喇叭、薄如蛋壳的象牙饰物，表明广州牙雕距今已有4000多年的历史。秦汉时期牙雕有了进一步的发展，唐宋时期日益兴旺，品种多样，开始形成独特的地方特色。明清时期，广州牙雕工艺与生产规模达到历史高峰，并继续发展着。至今广州牙雕这项传统民间手工技艺仍是岭南民间手工技艺的杰出代表。

此外陶象牙在广州汉墓也有多处发现，如梅花村汉墓，不仅出土了4件陶犀角，还出土了5件陶象牙。

秦汉时期，南方出产象牙也多见于文献记载：

《淮南子·地形》："南方之美者，有梁山之犀象焉。""南方阳气之所积，暑湿居之……其地宜稻，多兕（sì）象。"岭南可以说是我国犀象栖息最久、分布范围最广的地区之一。《淮南子·人间训》："（秦皇）利越之犀角、象齿、翡翠、珠玑，乃使尉屠睢发卒五十万……以与越人战。"《崇礼》："夫犀象兕虎，南夷之所多也。"

《后汉书·贾琮传》："旧交趾土多珍产，明玑、翠羽、犀象、（玳）瑁、异香、美木之属，莫不自出。"也说交趾"产珍"包括"象"。

《两都赋》写道："南羁钩町，水剑强越，残夷文身，海波沫血。郡县日南，漂骎朱崖。部尉东南，兼有黄支。连缓耳，琐雕题，摧天督，牵象犀，椎蚌蛤，碎琉璃，甲玳瑁，

汉代陶象牙

清乾隆象牙劈丝山水
花卉徽章纹折扇

戎觲觲。"

　　两汉时期，大象的栖息地逐渐缩小至岭南和西南的部分地区。如上所述，"舜死象耕"的传说就在南方的苍梧地区。《盐铁论·力耕篇》云："珠玑犀象出于桂林。"许慎《说文解字》中甚至把象定义为"南越之大兽"。武帝元狩二年（前121）"南越献驯象、能言鸟。"西汉时，皇帝出行的仪仗队中有"象车"。《西京杂记》记载："汉朝舆架祠甘泉汾阴，备千乘万骑，太仆执辔，大将军陪乘，各为大驾……象车鼓吹十三人。"这些"象车"中的象可能就是越人所献。

　　象在东南亚和印度地区，比中国的岭南和西南地区更为普遍，《尚书大传》曰："交趾之南有越裳国。周公居摄六年制礼作乐，天下和平。越裳以三象重译而献白雉。"汉代人心中的身毒（即今印度）是与象联系在一起的。《史记·大宛列传》云："身毒在大夏东南可数千里……其人民乘象以战……昆明之属无君长，

19世纪象牙黑漆描金象牙
开光花卉徽章纹折扇

善寇盗，辄杀略汉使，终莫得通。然闻其西可千余里有
乘象国，名曰滇越。"东汉杨孚《异物志》云："金邻
一名金陈，去扶南可二千余里，地出银，人民多好猎大
象，生得乘骑，死则取其牙齿。"三国时《外国传》
曰："扶南王盘况少而雄杰，闻山林有大象，辄生捕取
之，教习乘骑，诸国闻而伏之。"其中提及的"金邻"
和"扶南"，都是当时东南亚地区的国家。

岭南地区象牙的贸易活动在汉代对外关系史上具
有十分重要的地位。南越王墓中非洲象牙的出土，是岭
南地区对外贸易活动的历史见证。

波斯银盒

中国汉代考古出土好几种波斯银盒，其中又以广
州南越王墓出土的波斯银盒最有特色。南越王墓波斯银
盒高12.1厘米，口径13厘米，重572.6克；器身和器盖均

为银质，上面饰有交错的凸瓣纹，每圈各2排，每排26枚，排列紧凑而精致；盒盖和器身上下相扣，中间有子母口；盒身呈扁球形，盒盖上焊有3个小凸榫；器底附加鎏金铜圈足座，锈蚀严重。出土的时候，银盒中装有圆形颗粒，直径约0.3厘米，已粘结成小团块，呈灰黑色，无味，经化验，已全炭化了，共重52.4克。

汉代银盒

南越王墓出土的银盒与我国古代金属铸器有明显区别，其造型和纹饰与汉代以及以前中国容器的传统风格迥异。中国古代传统的青铜铸造工艺属于范铸工艺，通过模具来创造出金属器上的纹饰，而南越王墓的银盒是用锤揲法在金属器上压印出凸瓣纹。锤揲法又称为打作法或锤鍱法，这种方法是利用金、银质地较柔软、延展性强的特点，将金银捶打出各种形状。用锤揲法制造的器物要比范铸法耗用材料少，也不需要多人分工合作，

海上丝路之舶来珍品

广州西汉南越王墓出土的波斯银盒

可单人独立完成，故在质地柔软又十分珍贵的金银制作中极为盛行。锤揲法在中东地区广为流行，这种金属器加工的锤揲技法是在古波斯阿契米德王朝时兴盛起来的。美国大都会艺术博物馆的大流士金碗、华盛顿弗利尔美术馆的阿塔西斯银筐罍等都是这类器物的代表作。除了出土实物外，在位于伊朗的波斯波利斯遗址的石刻上也能见到觐见使者们手上端着的筐罍。

相类似的器型非南越王墓独有，在中国其他地方也有出土。1997年在山东临淄窝托村西汉齐王墓的陪葬坑中出土了1件银盒，同样以锤揲技法打压出1圈交错的凸瓣状，每圈2排各17枚，比南越王墓银盒略少。此

波斯银盒

外，它的盒盖上有3枚兽形钮饰件，底座也有铜圈足。1997年在安徽巢湖北山头1号汉墓也发现了类似的银盒，凸瓣每排18枚，配铁圈足，但盖上未装钮。2004年在山东青州西辛战国墓中发现了此类银盒2件，配铁圈足和铁盖钮。2009年在江苏盱眙县大云山汉墓也发现了银盒。

从目前出土情况看，南越王墓与其他出土银盒的地区，均靠海或者是离海较近，大多数学者认为它们都是从西方通过海路而来的。虽然中国工匠给这些银盒增加了圈足和盖钮，但是凸瓣纹显然是外来风格，锤揲技术也是外来工艺，因此银盒是舶来品无疑。

金花泡饰

金花泡饰是中国汉代考古所发现的用金片金丝制作成的装饰物。在广州西汉南越王墓主的上胸发现的珠襦饰物，其中有32枚焊珠金花泡，制作工艺十分精湛。金泡的直径1.1厘米，呈半球形，泡面用金丝焊接出圆形、心形、辫索形等多种立体图案，也有的用4粒小金珠焊接成圆珠形图样。在20倍的显微镜下，可清楚地看到焊接点。这是目前中国境内考古发现的到最早的黄金焊珠工艺制品。发掘者认为，主棺室出土的这32枚金花泡饰与玻璃珠、玻璃贝、索金泡、银泡和鎏金铜泡等均出于死者胸部的玉衣之上，可能属于珠襦的装饰物，原来都是缝缀在织物上的。

学者根据金花泡所使用的焊珠工艺，推测其来源很可能与海上交通有关，是"西方的工艺品"。就我国的考古发现来看，金花泡饰的出现至少可以上溯到公元2世纪前的四坝文化时期的铜泡；安阳殷墟西北岗1004号大墓出土的金泡和1003号大墓出土的包金铜泡，属于中原地区最早的金属泡饰。商代晚期以后，金、铜、包金、贴金、鎏金等金属泡饰作为装饰品以及车马饰品流行开来，但圆形金属泡饰大多是素面的，即使有的泡饰表面有花纹装饰也是铸出或刻出，这种状况一直延续到秦汉时期。就黄金制品的制作工艺来看，先秦尚未见到掐丝工艺和焊珠工艺。在西汉时期的大型墓葬中始有发现采用掐丝和烛珠工艺的黄金制品，如河北定县40号汉墓出土的马蹄金、麟趾金，以及河北满城汉墓出土的轮形金饰等金器，都采用了掐丝和焊接工艺。但是，它们的年代都晚于广州南越王墓。鉴于南越王墓出土的金花泡饰在其工艺和装饰上的"突然性"，认为它们是外来物品是有道理的。除此以外，汉代墓葬中已发现使用焊珠工艺的器物，还有东汉魏晋时期的焊珠工艺，有西安出土的东

汉代波斯金花球串饰

汉金灶，江苏甘泉出土的东汉初年广陵王刘荆墓中的1件多面金珠，长沙五里牌东汉墓中出土的4件多面金珠，广州郊区4013号东汉前期墓中出土的1件多面金珠，湖北公安县东晋墓出土的1件多面金珠，长沙黄泥塘3号墓出土的1件多面金珠，以及大云山汉墓出土的多件金泡饰。

汉代波斯球形镂空金饰件

金珠饰品以合浦汉墓中出土数量为最多。1978年合浦环城乡北插江盐堆M1出土金手链珠、金花球一串共20枚，其中金手链珠14枚，有10枚是橄榄核形的，有4枚是棒槌形的，都有穿孔；金花球6枚，多边形球体，外缘有粘珠。1986年在合浦风门岭M10又出土金花球2枚。1993年在北插江M4出土金花球14枚，形制与盐堆M1的相似。2001年在合浦九只岭M6a出土金花球7枚。合浦出土的金花球都是串饰的组成部分，造型基本相同，为圆球形，空心，直径0.5~1.7厘米。典型的金花球是用圆形小金条焊接12个小圈，以供连缀。12个小圈上下各1个，中分2层，每层5个；然后在这些小圈交汇的三角地带用高温吹凝的堆珠加以固定。堆珠有的只有1颗，有的是下面3颗上面叠垒1颗，似叠垒式的四联罐。堆珠之间以及堆珠与小圆圈之间都用焊接工艺加以连缀，整体稳定牢固。类似的金珠饰品在中国南北多地都有出土。

广州先烈路龙生岗东汉前期墓出土了一串由形状、色泽各异的琉璃珠、玛瑙珠、水晶珠、金珠和银珠组成的串珠饰品，中有1枚镂空的金花球，作12面菱形，每面正中是1个圆形穿孔，每角处有突起的圆珠4粒，直径1.4厘米。有学者认为其焊接方法与南越王墓

海上丝路之舶来珍品

汉代焊珠金饰片

　　这种金粒焊缀工艺，是汉代金器制作技术的代表性成就，在此更早时期，流行于古代埃及、乌尔（今伊拉克）、麦锡尼等国，是地中海地区的金工技法。

出土的金花泡上的小珠焊接法相同。广州、合浦和越南的金花泡、金花球或多面金珠，无论在外观、结构、精细度、色泽等方面都有明显的一致性，应当是同一种来源，甚至有可能是同一产地的物品，从海路输入的可能性极大，可以作为南海一带海上贸易活动的物证，基本上可以排除是北方陆路而来之物。

所以，从考古发现推断，南海沿岸流行这种金珠饰品，大概开始于南越国时期，南越王墓中的金花泡是较早的类型，至东汉时最为流行和发达，有越来越繁复的趋势。

海外陶瓷

中国是世界上最早发明瓷器的国家，烧制高温瓷是世界科技史上的一项重要发明，对人类文明做出了重大贡献。中国制瓷历史悠久、体系庞大、窑口林立、各具风格，精品迭出，在瓷器工艺史上留下了绚丽的一页。它的生产、使用、贸易和传播几乎渗透了古代东西方世界，改变了最大范围人群的生活习惯，推动了世界贸易的发展促进了技术革新与艺术创造。

中国瓷器是"海上丝绸之路"最主要的对外商贸物品之一，相较于陆路而言，海路更适合长途运送大批瓷器，故有人又将"海上丝绸之路"称作"海上陶瓷之路"。

中国瓷器外销始于唐代，后世延绵不衰，长沙窑、越窑、龙泉窑、建窑、吉州窑、耀州窑等窑口的著名外销瓷享誉海外。16世纪以后，中西贸易航路逐渐开通，销往朝鲜、日本及欧美的外销瓷新品种层出

清代传入中国的西式餐具

不穷，如克拉克瓷、巴达维亚瓷、五彩、粉彩、中国伊万里瓷、广彩等。每一类外销瓷都代表了某一时期的外销市场和装饰风格特征，凝聚了中国工匠的技艺和西方商人的智慧，它们的出现犹如打开了一扇扇东西方贸易、科技和文化交流及社会交往的窗口。外销瓷传播了中国技艺和文化，对朝鲜、日本及欧洲制瓷技术和装饰艺术产生了深远的影响。他们通过对中国瓷器的学习，开始模仿烧制自己的瓷器，推陈出新，丰富了世界陶瓷文化。

清代传入中国的西式餐具

朝鲜陶瓷

中国与朝鲜半岛一衣带水，唇齿相依，自古以来就是商贸、文化交往频繁的友邻国家。7—10世纪，中国建立了强盛、开放的大唐帝国，与东亚、西亚、中亚、东南亚等国家通过朝贡贸易维持了稳定的经济来往，互通有无，共享光荣。处于中国中部沿海的明州（今宁波）是唐代中国与东亚诸国的重要贸易港口，造船技术与航海业的发展促进了港口的兴盛和海外贸易的繁荣，从唐代开始，朝鲜的新罗清海镇港，日本值嘉岛港、博多港和长崎港都与明州有密切联系，航线密布，形成了东亚贸易网络。

从唐代至元代将近700年间，持续不断地有中国青瓷传入朝鲜半岛，无论是唐代的越窑青瓷还是宋元的龙泉青瓷，都代表了某一时期中国青瓷制造的最高技艺。这些青瓷精品的输入，丰富了朝鲜人民的日常生活也激发了当地工匠的技术革新。

朝鲜最先仿制中国的唐三彩，制成了新罗三彩和新罗烧。虽然新罗三彩传世不多，不如唐三彩富丽华贵，也不如日本奈良三彩清丽优雅，但它构成了三彩陶器的丰富类型。

富有朝鲜民族风格的高丽青瓷，除了汲取宋代南方越窑青瓷的技艺，还吸收了北方定窑、汝窑等名窑的烧造技艺。高丽青瓷高雅、美丽、清新，呈翠绿青色，又名翡翠色瓷。这种青瓷极受包括中国在内的东亚、东南亚和南亚民众的喜爱，并且成为出口商品中的主打产品。

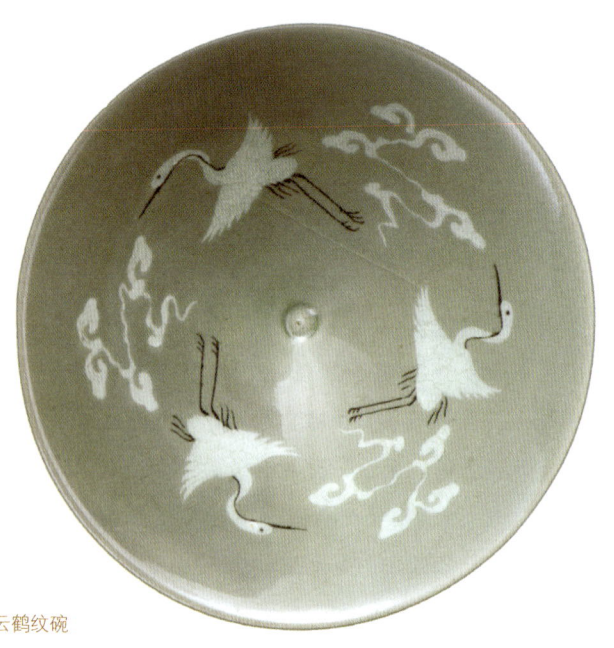

青瓷镶嵌牡丹菊花瓜形水注

高丽时代，12世纪。

但高丽青瓷是否在高丽烧制，目前仍有争议，因为还没有找到古窑址。有学者认为高丽青瓷还是在中国烧制的。

青瓷镶嵌云鹤纹碗

高丽时代，12~13世纪。

日本陶瓷

日本人是世界各国公认最擅长学习和吸收的民族，他们既是善于学习外国先进技术的拿来主义者，又是成功的改良主义者，日本陶瓷的发明、改良和推广是日本人又一次汲取世界先进科技的成功尝试。

中日交往渊源甚早，唐代是繁盛时期，这时的日本全面学习中国文化。中国的青瓷、彩瓷成为这一时期主要外销日本的瓷器种类，客观上刺激了日本陶瓷业的发展，在很长一段时间里，日本是以仿制中国陶器为主的，无论是装饰还是器型，取材还是烧制，都是直接或间接复制中国陶器，在仿制中逐渐形成了自身的特色，终于烧制出新的瓷器品种。

日本陶瓷以奈良三彩陶、濑户天目陶和伊万里瓷最为知名。奈良三彩出现于日本奈良时代（710—994），是日本文化全盘唐化背景下的产物。奈良三彩在造型上不仅与唐三彩十分相似，而且其鲜艳流淌的釉面、光艳美丽的色调也十分接近唐三彩。在模仿唐三彩的基础上，日本工匠还融入了本国的民族文化和审美情趣，因为日本人崇尚白色和绿色，奈良三彩多以绿色为主色调，多呈绿、黄、白三色，少量为绿、白二色，体现了日本人向往内心的清净，以及内在的宗教情怀。濑户天目即是日本平安时代（794—1185）以后所仿烧的中国黑釉陶器。自宋代建窑、吉州窑黑釉茶盏传入日本后，深为日本人所喜爱，奉为珍宝，日本工匠也为之着迷，不断探索烧制配方。至室町时代（1336—1573），烧出了自己的黑釉陶器——天目黑陶，其中又以日本濑户窑的烧造最为成功，被日本陶瓷界尊为濑户天目并大量生产，满足了日本国内市场对黑釉茶具的需要。

　　最具日本民族风格的瓷器当属伊万里瓷。伊万里瓷最初由日本江户时代（1603—1867）的肥前有田创烧，经伊万里港运往欧洲，而且肥前窑业多由伊万里商人控制，因此有田烧生产的瓷器又称为"伊万里瓷"。有田位于日本九州西北部，即日本古代的肥前国，现属佐贺县。有田烧是以西松浦郡田町为中心的诸窑的总称，又称有田系，主要烧制品种为白瓷、青瓷和彩绘瓷，其中又以彩绘瓷器最具风采。伊万里瓷的烧造成功对日本制瓷业意义巨大，它标志着日本结束了瓷器完全依赖进口的历史，开启了瓷器生产本土化的历程，并且在明末清初清政府实行海禁政策期间，一度暂时取代中国瓷器销往欧洲，趁机扩大生产，开拓了欧洲市场，与中国瓷器一道影响和推动了世界陶瓷技艺的繁荣与发展。

日本伊万里彩瓷

欧洲陶瓷

中国瓷器作为16世纪以后全球化贸易中的热销商品，逐渐被输入到西方国家，从王室贵族到平民百姓，都被它深深吸引。欧洲人在惊叹之余，也开始了他们的制瓷探索之旅，最终约在18世纪初，自主烧制出了具有欧洲特色的产品；至18世纪下半叶，欧洲制瓷业得到了快速发展，德国迈森、英国韦奇伍德、法国塞夫勒、奥地利皇家维也纳、意大利卡波迪蒙蒂成为新兴的制瓷中心。它们从最初的仿制、复制中国瓷器，到逐步融合、创新生产出具有欧式风格的陶瓷。

英国斯塔福德彩瓷

最早模仿中国瓷器的是荷兰代尔夫特锡釉陶器。代尔夫特位于大航海时代崛起的海上强国荷兰的南荷兰省，地处海牙与鹿特丹之间，曾是荷兰东印度公司的六大据点之一。16世纪末17世纪初，中国青花瓷器输入荷兰，迅速风靡欧洲，代尔夫特人率先仿制出一种以青白花为主的陶器。至18世纪初，代尔夫特已发展成为欧洲著名的陶器制造中心。这种锡釉陶器与青花瓷相比，还是有着根本的区别，还属于低温烧制的陶器，但其白底蓝花的釉色已接近青花瓷的色彩，又是欧洲本地生产，图案和款式有自身的设计风格，生产成本也较低，故一经推出就受到欧洲市场的欢迎。欧洲首次生产出真正瓷器的是德国皇家迈森工厂。该工厂于1710年在德国迈森成立，开始仿制中国销往欧洲的瓷器样式，以白瓷著称，因其制作精美，款式多样，自诞生以来一直是欧洲瓷器中的高档品牌，又因价格高昂，被称为"瓷中白金"。英国历史最悠久最著名的瓷器品牌——韦奇伍德（Wedgwood）诞生于18世纪中叶，创始人乔赛亚·韦奇伍德（Josiah

法国塞夫勒彩瓷

炻器

介于陶器和瓷器之间的陶瓷制品。

Wedgwood）是英国最具创新精神的陶瓷制造商之一。1759年，乔赛亚·韦奇伍德创办了自己的第一家陶瓷工厂，并以自己的姓氏"韦奇伍德"作为产品的牌子。其生产的素釉炻器和米白瓷晶莹如玉，装饰华丽，具有浪漫和尊贵的气息，一时引领欧洲制瓷业的潮流。1793年英国使团出使中国，便将韦奇伍德瓷器作为国礼进献给乾隆皇帝。在欧洲制瓷历史上，法国中部的利摩日（Limoges）被誉为"欧洲景德镇"，该地富储制造瓷器的最佳原料高岭土，使其有着得天独厚的优势，其所仿制生产的中国福建德化窑白瓷观音，质量上乘，形神兼备，曾销售到东南亚等。利摩日还创造性地发明了精美绝伦的瓷钟，这种钟表融合了当时最先进的机械钟表制造技术和制瓷技术，是当时欧洲最顶尖的发明创造之一，受到清朝皇帝的钟爱和赞赏，至今故宫博物院还收藏着康熙、雍正皇帝珍爱的法国利摩日瓷钟。

西洋银币

18世纪墨西哥双柱双地球银币

广州是外国银币流入中国的第一个城市。威尼斯共和国总督帕斯科尔·马利皮埃（1475—1462）所铸的威尼斯银币——格罗斯，是世界钱币收藏界的珍品，目前传世只有2枚，一枚藏于意大利威尼斯博物馆，另一枚收藏在中国广州博物馆。这枚银币铸造于1461年，之后不到40年便流入广州。

1752年普鲁士王国为了"普鲁士国王号"首航广州，专门铸造了一种"广州人银币"，银币正面是普鲁士国王的头像；银币背面正中上方是普国鹰旗，下方是公司徽章，正中是"普鲁士国王号"，左边站着一个手拿猎枪代表当地传说的民族部落人物，右边是一个广州商人，头上戴着礼帽，夹着一卷丝绸布料，身后有一大箱茶叶，箱子上放着陶瓷花瓶和茶壶。这是迄今在欧洲发现的第一批且唯一一批铸有中国人像的德国银币。

这些珍贵的银币告诉我们，在很长的一段时间里，中国和欧洲之间的贸易往来很密切，而银币便是中西贸易间的媒介，其本身也作为商品辗转流通于东西方世界。

除了欧洲，遥远的墨西哥也是银币来华的重要地区。广东省博物馆收藏了一批墨西哥银币，墨西哥银币在中国更为知名的名称是"鹰洋"，它们展现出宏阔的太平洋海上贸易的一个侧面。当年美洲数以万吨计的白银，经过这条"白银之路"，通过"马尼拉帆船贸易"的交通网络，进口到中国。商人和航海家们先通过中国商船把中国的丝绸、瓷器、茶叶和工艺品等货物运往马尼拉，然后由西班牙商人用其大帆船将货物远销至墨西哥的西海岸港口——阿卡普尔科；大帆船在回归时装载着美洲的白银回到马尼拉，西班牙人又以这些白银采购中国的商品。

直到第一次鸦片战争前，外国银币主要是通过集中流入广东，进而遍及他省的。据估计，第一次鸦片战争前夕至清末，流入广东的外国银币约有4.7亿元，约占全国总数的40%。外国银币的流入，对广东省和广州市的金融、经济产生了重大影响，使当时的币制更加混乱，加速了白银危机，从而造成广州首先开铸银币的契机，这也促使了中国日后统一货币的出现。

光绪二十六年（1900）清政府开始仿照西洋银币

广东钱局铸造的饷银

广东钱局

原址在今黄华路4号院内。1889年5月建成投产，为中国用机器大量铸钱之始。

铸造中国自己的银元，首批名曰"光绪元宝"，币面铸有盘龙纹，故有"龙洋"之称。清政府下令"龙洋"作为中国的法定货币，这是中国最早的官铸新式银币，也是中国币制废"两"改"元"的开始。

　　据文物资料看，近年广东英德、曲江、遂溪三地出土的伊朗萨珊王朝（也称波斯第二帝国，是最后一个前伊斯兰时期的波斯帝国，224—651）银币，是目前所知最早舶来广东的外国钱币。萨珊银币流入南朝岭南一带在383—484年，约相当于东晋至宋齐之际。学界认为这些银币是萨珊国王在位时传入的，而且很可能是直接由朝贡者携入的，说明南朝时"交、广之域，全以金银为货"的史载信而有征。

萨珊王朝银币

　　该银币出土于广东遂溪县，为萨珊王朝所铸，年代在沙卜尔13世纪至卑路斯之间（约383—484），表明中国通过"海上丝绸之路"与波斯等国之间存在着交通贸易关系。

萨珊王朝银碗

　　该银碗出土于广东遂溪县，器身作12瓣花形，这种造型与伊朗出土的银制器皿一致，并且该银碗上刻有古阿拉美文铭记，阿拉美文曾使用于萨珊王朝时期东伊朗地区的粟特和花剌子模。该碗印证了粟特商人南朝时期在中国岭南沿海的活动。

　　唐宋时期，广州一地流通的外国金银币也在史籍中数有载记。唐代称岭南地区流通的金银为"南金"，时人有"南金、象齿，航海贸迁""自岭以南，以金银为货币"的说法。诗人张籍《送南迁客》有"蛮州市

海上丝路之舶来珍品

18世纪荷兰"马剑"银币
（正反面）

用银"之句，王建《送郑权尚书之南海》有"金贱海船来"之句。对此，"金贱海船来"与中国古语"物贵则金贱"同理：当市场繁荣、货币充足时，收入增加，物价上涨，此时金钱（货币）的购买力相应下降。当金银的货币价值即购买力减少而造成"金贱"时，必定有海外航船开抵广州。可见，海外夷舶携金抵穗，引起了广州金价的波动。

明清时期虽屡次"海禁"，但作为中国海外贸易主港的广州却兴盛如常，市面上仍不乏外国钱币。1964年，广州明代市舶太监韦眷墓中出土有外国银币3枚，其中孟加拉银币2枚，威尼斯银币1枚。明代中后期，广州一地的海外贸易独盛。通过澳门、马尼拉，中国与葡萄牙、西班牙的贸易日益繁荣，因此这一时期流入中国的外国钱币很多，万历二十九年（1601）来广州的京官王临亨在广州亲睹了外国钱币，并在《粤剑篇》中记载："西番银，范如钱形，有细纹在两面。"屈大均《广州竹枝词》有"银钱堆满十三行"之句。《皇朝文献通考》记乾隆十年（1745）前后事称："福建、广东近海之地，多行使洋钱。其银皆范为钱式，来自西、南二洋。约有数种：大者曰马钱，为海马形；次曰花边钱，又曰十字钱。其上刻作人面，或为全身，其背为宫室、器皿、禽兽、花草之类，环以番字。亦有两面皆为人形者。闽、粤之人称为番银。凡荷兰、佛郎机诸国商船所载，每以数千万圆计。"可见当时广东、福建沿海之地外国钱币充溢之状。

20世纪初德国西门子公司
生产的灯罩

　　该灯罩为钕玻璃制造，
上有SIEMENS标志。这是20
世界初已经流行于广州家庭
中的由世界上最大的德国西
门子公司生产的灯罩。

20世纪初已流行于
广州的手摇电话机

　　所有的通话均
通过接线员进行。

美国生产的旧式留声机

19世纪90年代，留声机在欧美等国家投入使用。这是19世纪末流行于广州的旧式留声机，由美国哥伦比亚生产，木作，铜喇叭，深受当时上层社会的青睐。

海上丝路之舶来珍品

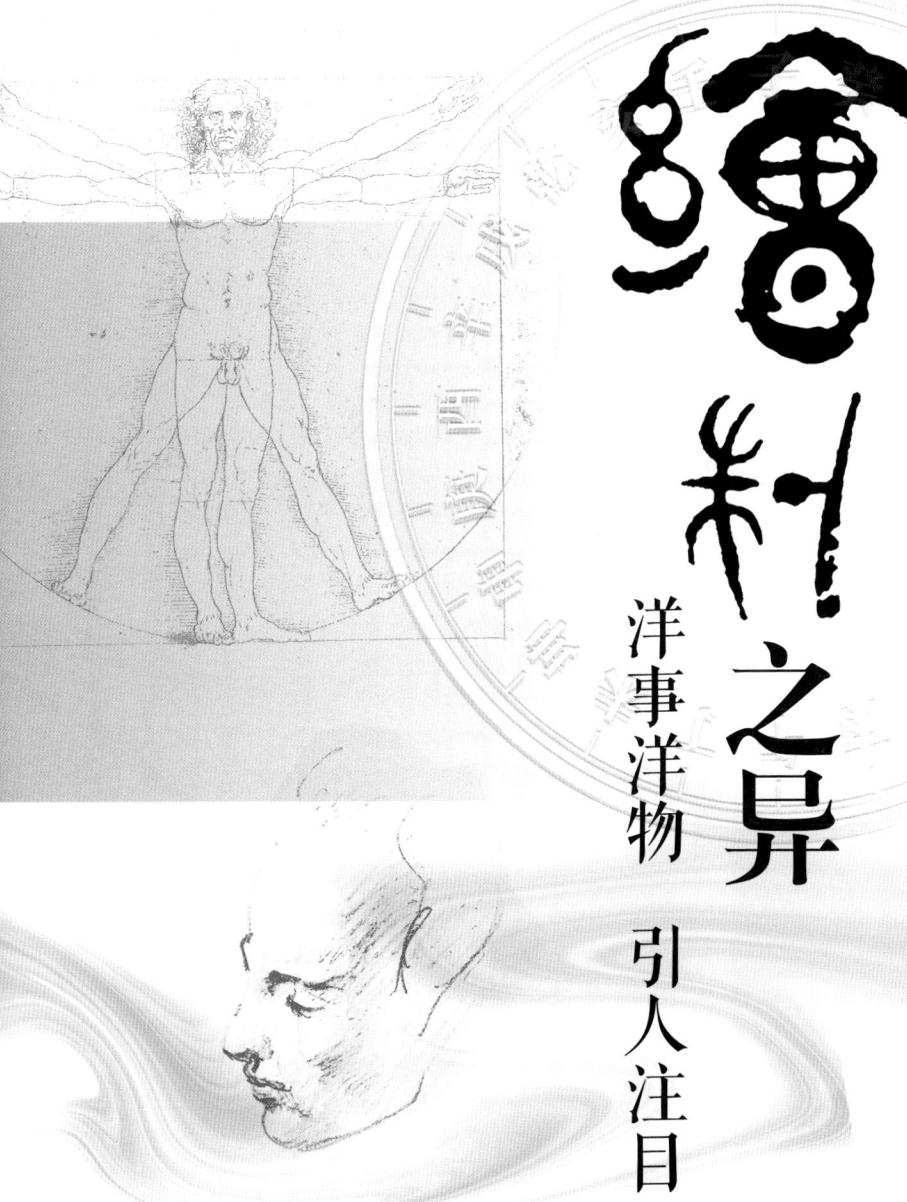

繪料之异

洋事洋物　引人注目

明清时期西洋美术在中国的传播，是西学东渐的重要内容，其历史过程始于16世纪西方殖民者的航海东来，既有通过天主教东传的宗教渠道而来的宗教美术品，也有通过中西贸易的商业渠道而来的世俗美术品。由于与中国传统绘画面貌迥异，审美旨趣完全不同，这些西洋美术品引起了中国社会各阶层的关注和反应。这些被后来细分为油画、水彩画、水粉画、素描、玻璃画等带有西方色彩的绘画作品虽然各具特点，但都被当时中国人称为"洋画""西画"或者"西洋画"，是明清时期逐渐增多的洋事洋物中十分引人注目的品种。

油画

油画是西洋画中最重要的一种，约于明代中后期经海路传入中国。万历七年（1579），意大利天主教耶稣会士罗明坚（Michael Ruggieri，1543—1607）泛海至广州，当时地方官员在检查罗明坚所携带的物品时，发现了一些"笔致精细的彩绘圣像画"。胡光华教授认为，"笔致精细"正是欧洲文艺复兴时期油画所具有的艺术表现特征，这些"彩绘圣像画"应是最早传入中国的西方宗教油画。两年后（1581），利玛窦（Matteo Ricci，1552—1610）也来到中国。

从罗明坚开始，耶稣会士的首要目的便是力图在广东立足，站稳脚跟，以便进入中国内地传播耶稣福音。随着利玛窦等人成功进入广东，天主教美术作品作为他们传教必备之物也开始在广州口岸出现，为人们所注意。这样以广州为东方起点的海贸要道，便成了天主教艺术的东传之道。

西洋油画人物图

史载，利玛窦曾在广东肇庆教会寓所的厅堂中央的祭台上挂了一幅《圣母玛利亚（Blessed Virgin Mary）》画像，为手绘的圣母像模仿本。前来参观的人，面对这幅惟妙惟肖的图画，惊奇不已，赞美有加，说它色彩调和，线条清晰，栩栩如生，甚至在这幅圣母像前跪拜磕头。后来利玛窦北上晋京，还将此幅《圣母玛利亚》画像作为礼物献给了万历皇帝。

进入清代，西洋美术作品分别以北京、广州和苏州三地为中心，形成了不同风格的中式洋画。

在北京，主要是供职于宫廷的西洋画师创作并传授西洋绘画技法，充当御用画师，其中以意大利耶稣会郎世宁（Joseph Castiglione，1688—1766）最为著名。另

西洋油画人物图

油画《广州清代珠江及广州城北岸风景》

作为历久不衰的对外贸易港市，广州口岸是中外经济文化交往的桥头堡，在西学东渐的潮流中起到了重要作用。世界新航路开通后，洋画东传是通过以广州口岸为起点的南海道，随着宗教传播和商业贸易而来的。西洋美术最先在澳门和广州为人们所接触认识、传播滋生，引起了社会不同阶层的反应，在日常生活、社会生产和思想观念等方面都产生了影响。

明代新会油画《木美人》像

　　现收藏于广东新会市博物馆的两件木板西洋美人画像，是目前所知传入中国最早的西洋油画像。这两件油画绘于2寸多厚的旧木板上，图为中国古装仕女，绘法却是西洋古典油画的技法。据称，此两件油画是由明代中期新会人李仕升任福建莆田县教谕期间所得。及至李氏卸任，油画也随李氏携带回新会县，供奉于本乡天后庙，乡民称为"木美人"。

外，还有一批深受西洋画濡染的中国宫廷画师，在中画之中参以西洋透视等方法，呈现出别具一格的画风。

在广州，从18世纪中叶开始，出现了专门为西方市场创作的外销画。身处社会底层的画家和画匠们，为适应外贸的需要，临摹和复制西洋绘画，绘制出被时人称为"洋画"的广州外销画，这是18世纪初到19世纪末在广州口岸出现的特殊绘画作品。

在苏州，民间年画艺人"仿泰西笔意"，在年画中采用了透视学和明暗阴影等洋画技法，形成了颇具特色的姑苏版年画。

水彩画

水彩画于19世纪末从西方传入中国，迄今有100多年的历史。

西方水彩画传入我国，主要通过两个渠道：一是西方传教士来华及聘请西方画家的传授；二是派遣留学生出国深造。而中国大众的广泛接受、普及，主要依靠19世纪下半叶兴起的西式学堂和各地的美术专科学校。

最初，西方水彩画是随着西方传教士的足迹而走向世界各地。我国同西方文化艺术交流的历史源远流长。在16世纪20年代，中国与欧洲的海上交通已比较发达。据史书记载，公元1579年（明万历七年）意大利天主教耶稣会传教士罗明坚来到中国，带来了一些西洋的宗教画。三年之后的1582年，意大利的另一位传教士利玛窦也来到中国，他带来的圣像及经书中的插图就是用水彩手绘的，这是中国人第一次看到的西方水彩画。这种以水性为媒介的绘画，不但有中国传统绘画中的水

清代水彩画《岭南景物图》

19世纪通草水彩画《黄埔锚地》

分，而且清新、明朗、潇洒、秀润和流畅，视觉效果更
细腻，形象逼真，引起了人们的惊叹，当然这不是真
正意义上的水彩画传播。比较有影响的是在1715年，意
大利画家郎世宁被召入清宫中作画师，他一方面采用中
国的画具和材料，一方面仍用西方人的审美观念和技法
作画，他所画的花鸟画，有很强的写实感，面貌焕然一
新。这些作品虽然不是纯粹的水彩画，但在潜移默化之
中，中国人接受了西方人作画的许多观念和技法，比如
色彩、光影和透视等。18世纪中叶，鸦片战争以后，西
学东渐。随着中外通商贸易的蓬勃发展，广州口岸出现
了一批从事商品画的画师，其中就有英国的水彩画画
师。1843年上海开办商埠，外国教会获得了在中国传教
的自由，西方文化也迅速影响了东方这块古老的土地。
13年之后，徐家汇的天主教堂和土山湾画馆，由西班牙
传教士范延佐（Jeannes Ferren，1817—1856）和法籍传
教士潘相公（Fnere Couper，生卒年代不详）传授擦笔
炭画、油画和水彩画。土山湾画馆是中国最早的西洋

美术传习机构，许多中国青年绘画学子都在那里学习过，其中比较优秀的学员有徐泳清、张光红、周湘等人，他们是中国水彩画的先驱。

清代水彩画《岭南景物图》

水彩画进入中国，意味着西方人观看世界的方式进入中国，符合人眼生理结构的观看事物方式，以其不断逼真叙事的视觉框架和策略看世界，从而使中国人在传移摹写、意象审美理念的基础上，有了另一只眼睛的参照，其意义无疑是重大的。

清代水彩画《广州珠江景象》

玻璃画

　　玻璃画又称玻璃油画、镜画，是指用油彩、水粉或国画颜料等在玻璃背面绘制的图画。其特点是在玻璃的背面作画，而从正面欣赏，故在欧洲也被称为"背画"或"反画"。

　　玻璃画最早见于15世纪意大利圣像画。但由于在玻璃的背面作画，玻璃表面光滑，不易着色，技巧很难掌握，18世纪的欧洲已经不再流行。而此时却随着东西方海上贸易和文化交流的开展，玻璃画在广州口岸盛行，甚至成为外销画的重要画种。

　　但广州不能自立生产制造玻璃材料，只能把从欧洲进口的玻璃珠子、纽扣或搜集的碎片，融化后再制造成玻璃。有人甚至直接从欧洲运来玻璃，由广州的外销画家们绘制后，再运回欧洲。

清代玻璃内画鼻烟壶

清代仕女图

　　玻璃画的画风融合了中西两种绘画的技巧，对人物的着色也开始出现明暗对比和光影处理，广州博物馆的《仕女图》玻璃画就很好地体现了这一点。画中的仕女也流露出浓厚的东方情调。

铜版画

铜版画是产生于欧洲的版画品种，因其使用金属铜版作为印制作品的底版而得名，与中国传统的木版画迥然不同。铜版画产生于15世纪，作品多风格细腻，制作讲究精工，属于较为名贵的画种。

铜版画在中国的出现，与16世纪以来天主教传教士的来华分不开。特别是清代，从康熙朝开始，在北京的传教士便将西方的铜版画带进了皇宫，他们还最先运用铜版画技艺在宫廷绘制地图。乾隆皇帝在看到许多有关西方建筑庭园和肖像的铜版画后，想用铜版画制作一系列描绘征战的组画，于是产生了在欧洲订制的《乾隆西域武功图》。《乾隆西域武功图》是根据乾隆二十年（1755）平定厄鲁特蒙古准格尔部叛乱，以及此后平定天山南路维吾尔贵族大和卓、小和卓木叛乱的史事绘制的，共16幅，纸本印制，由在清廷供职的西洋传教士画师绘制草稿，参与绘制的便有著名的宫廷洋画师郎世宁。

外国人画的铜版画《乾隆西域武功图》

外国人画的铜版画《乾隆西域武功图》

《乾隆西域武功图》铜版画是在粤海关的直接参与下，通过广州商行从法国订制运回的，是广州口岸和西画东传史上的重要事件。

铜版画《广州珠江景象》

细密画

细密画（Miniature）是一种画在书籍、徽章、匣子或宝石、象牙等首饰上的小型、便携和精致的图案，以肖像和装饰画为主，原是流行于古希腊、罗马的一种绘画兼工艺品。16—19世纪是西方细密肖像画的盛行时期，最初主要流行于法国宫廷，后逐渐向民间和欧洲其他国家扩展。16世纪，英国画家海利尔德（Nicholas Hilliard）运用椭圆形画板制作细密画，椭圆形很快成为欧洲细密画的流行形式。18世纪初，意大利画家卡里拉（Rosalba Carriera）使用象牙作画板获得成功，象牙的光滑表面十分适合展示透明水彩的效果。这样，椭圆形的象牙细密画逐渐成为18世纪和19世纪细密画最主要的表现形式。尤其在英国，细密画大受欢迎，成为社会各阶层所喜爱的肖像表现形式，甚至形成了各种不同的象牙细密画艺术流派。

马尼高特象牙细密肖像画

　　广州口岸的画工们积极吸收模仿新的西洋画种，应西洋人的需求绘制细密画，其形式和技术与西方的基本一致。

　　大体而言，象牙细密画尺寸都较小，与现在的小型头像照片很相似，是那个年代易于携带的"照片"。随着当时东西海上交通和贸易的空前发达，以及英国强大的殖民实力，大量水手和商人到达远东，他们将细密画带到了印度、中国的沿海港市，并请当地画工绘制象牙细密肖像画，作为纪念物，或佩带在身，或寄回国以慰藉亲人的思念。从此，象牙细密画作为一种新的画种在当时的远东各港口，如印度加尔各答和中国广州等地制作和出售，甚为外籍人士所喜爱。

清中期广式画珐琅
双耳高足杯

画珐琅

　　珐琅又称"佛郎""法蓝"，是外来语，英文名叫"Enamel"，最早指东罗马帝国和西亚地中海沿岸诸地制造的搪瓷嵌釉工艺品，历史上分别从陆路和海陆传入中国。在中国南方俗称"烧青"，在北方俗称"烧蓝"，主要分为画珐琅、镶嵌珐琅、掐丝珐琅三种。掐丝珐琅在中国也叫作"景泰蓝"。这三种珐琅中，工艺难度和级别最高的当属画珐琅。

珐琅器工艺在西方有着悠久的历史和杰出的成就，对中国珐琅器的制作和生产曾有深刻的影响。第一次大规模的技法和工艺的传入大约在公元14世纪，由现在的中东巴尔干半岛的阿拉伯人带入到中国。当时蒙古人西征，战线之长，直抵莱茵河畔，通过对欧洲的侵略战争，蒙古人带回了好多欧洲的先进技术和手工工匠，其中就包括一部分懂得制作珐琅器工艺的阿拉伯匠师。明清时期，随着世界航海大发现及中西海上交流的空前繁荣，西方的珐琅器技艺再次从海上传入中国，并在技术和风格上注入了新的活力。

画珐琅工艺起源于西欧法国，于清代康熙年间由欧洲商人和传教士经广州传入中国，最早在广州制造，俗称"烧青"或"广珐琅"。这种异常精美的工艺一进入中国便受到皇帝和大臣们的喜爱与重视，清朝康熙、雍正、乾隆三帝皆于北京皇宫和广州两地设立珐琅作坊，并多次从广州选送优秀的画珐琅工匠进京效力，大量生产，所制作的珐琅制品皆供皇室享用。

广州以画珐琅为主，北京以掐丝珐琅为主，南北各具特色。珐琅制品在清三代（康熙、雍正和乾隆）曾达到鼎盛。

清代景泰蓝鎏金熏炉

1842年《南京条约》签订之前，广州在清代属唯一对西洋开放的门户，西洋工艺品多从广州进入我国，因此使广州的珐琅制作工艺在国内水平很高，举足轻重。宫内造办处的珐琅制作匠人大多是由粤海关选入的，称为"南匠"。并且在乾隆后期，宫内造办处停止

掐丝珐琅缠枝莲纹球形香熏

制作珐琅彩瓷后，广州成为珐琅彩瓷制作点，依然制作珐琅彩瓷。

珐琅器的种类

珐琅器从胎质上分，有金属胎珐琅器、瓷胎珐琅器、木竹胎珐琅器，工艺上主要分有掐丝珐琅、镶嵌珐琅和画珐琅。掐丝珐琅、镶嵌珐琅在宋元时期已传入中国，而画珐琅则约在15世纪末经广州等口岸传入国内。

金属胎珐琅制品是使用金、银、铜等金属制胎，采用石英、长石、硼砂等矿物质配制成的珐琅釉料细磨成粉状颜料，在金属胎上的绘彩部分（俗称开光部分）精细手绘事先设计好的图画，然后置入高温窑炉中经

画珐琅八棱开光提梁壶

800℃炉火反复多次高温烧结，最后出炉一件精美的珐琅艺术品。珐琅色彩非常绚丽，具有宝石般的光泽和质感，耐腐蚀，耐磨损，耐高温，防水防潮，坚硬固实，不老化不变质，历经千年而光色不变。可以说珐琅在珠宝中的表现力是最强的，形、色、光俱佳，且永不褪色，历久弥新，既实用又保值，不愧是珠宝中的一株奇葩。明清时的珐琅器及当时从欧洲进口的珐琅表，已历经数百年，如今看去仍然光色如新，瑰丽无比。

中国的珐琅制品传承了欧洲的制作工艺，有制胎、掐丝、点蓝、烧蓝、磨光、镀金6个步骤。

瓷胎画珐琅

清代瓷胎画珐琅彩器

清代珐琅器工艺在元、明两代的基础上得到迅速发展，康熙年间创造了独一无二的珐琅彩瓷，并在康熙晚年获得了成功。

为了全力烧造珐琅彩瓷器，康熙皇帝专门在造办处下设置了珐琅坊。铜胎画珐琅来自西洋，而瓷胎画珐琅则是中国人的独特创新。这时的工匠有来自广州的潘淳、杨士章、张祺、林朝楷以及江西的宋洁等十几人。传教士马国贤、郎世宁也在珐琅厂画过。雍正时期的画珐琅工艺更加成熟，于雍正六年（1728）终于烧成国产珐琅料，花色品种比起康熙时期进口料的七八种颜色要丰富许多。皇帝还亲自设计珐琅彩的样式，喜欢用黑色做底，并逐渐摆脱了铜胎珐琅器的影响，出现了中国传统的梅、兰、竹、菊和意境悠远的山水画，对珐琅彩的运用有很大突破。乾隆时期的画珐琅出现了欧洲妇婴和西式阁楼山水的画面，这是前朝所没有的，再次说明了西方艺术和技艺对中国传统审美情趣的影响。

禽兽之奇

培殖豢养　娱乐生活

在数千年的中外海上交通贸易史上，动物作为贸易商品并不是主要的，因为路途遥远，旅程艰辛，运输是个大问题，然而仍有许多域外动物通过邈远浩瀚的"海上丝绸之路"输入到华夏之地，诸如大象、犀牛、长颈鹿、狮子、金钱豹、哈巴狗、沙皮狗、波斯猫、浣熊、雪貂、红嘴鹦鹉、西洋短足鸡、孔雀、红嘴鸥等，虽然有些动物中国也有，但人们似乎更钟情于域外的飞禽走兽，培殖蓄养，娱乐生活，并赋予诸多中国文化元素，蕴含了更多的精神内涵。

狮子

狮子原产于亚洲西部和非洲，从陆路和海路均有运送狮子到中国的记录。东汉章和元年（87），安息国（今伊朗）国王阿萨西斯一世派商队沿"丝绸之路"把狮子作为礼物送给汉章帝而传入中国。从此狮子的形象也开始流传在中国，但当时见过狮子的中国人仅有皇帝和他身边的那些人。

狮子的概念是随着佛教在中国的流传而推广开的，在中国的文化中，狮子是与麒麟一样的神话动物，而不是非洲的真狮子，且狮子因为体形威武，被誉为百兽之王（现实中狮子是斗不过老虎的，老虎的体重大约是狮子的一倍），并且由于民间从未出现狮害，民众对其形象有很强的亲切感，狮子便逐渐成为威武与吉祥的象征，被人们奉为辟邪的瑞兽，被尊为"兽中之王"。唐宋开始，狮子的形象逐渐出现在各种装饰品上，并且随着历史发展样式有诸多改变，至明清时期，狮子演变成安邦护国的神兽，其形状也基本定型。

唐代鎏金狮子炉

西晋胡人骑狮青瓷水注

　　狮子产于印度、欧洲东南部和非洲，汉代开始输入中国，此后逐渐成为中国最具代表性的神兽造型。这类狮子器物在中国多有出土。

海上丝路之舶来珍品

唐代摩羯纹多曲银碗

摩羯，本是印度神话中的水神，原形是条会飞翔的大鱼，是人们对海洋大鱼的神化，一般认为是随佛教东传而进入中国，其造型又进一步中国化，与中国的龙形结合起来，后世广泛流行在中国华南地区古建筑上的装饰物鳌鱼，便是从印度摩羯演变而来。

大象

　　大象中外皆有，但中国人（尤其是上层人士）似乎更中意于外国大象，史书上关于自海外进献大象的记载很多，故大象基本上算是舶来之物，并且都是自海路运输而来。因为极其罕见，加之高大威猛，仪态端庄，被中国人青睐，视为皇权、吉祥、平安、长寿的象征。

　　早在始皇帝三十三年（前214），秦朝就设置了象郡（行政区划，辖今越南北部和中国广西一带），是唯一用动物名称命名的郡，突出了当地的名产，也体现了秦代对大象的看重。在西汉时期的墓葬中，近年也发现了各种材质的大象雕塑。西汉元狩六年（前117），西汉大司马骠骑将军霍去病去世，汉武帝十分难过，为他修了庞大的陵墓，墓前竖立了十多个石人和石兽，其中一个石兽为石象，这大概是力量与平安的象征。东汉时，佛教传入中国，并多用大象驮经。东汉永平二年（59），乾陁罗国（古印度十六国之一）进献了白象，"背设五彩屏风、七宝坐床，容数十人。初养于御马场，但它坏屋毁墙，逃到街市，逢树即拔，遇墙亦倒。百姓惊怖，奔走交驰"。于是，朝廷命人为大象专门建了个养殖场，定名白象坊。

　　唐朝时，大象深受喜爱，常被宫廷用于娱乐，主要是让大象来跳舞，以吸引百官、内宫一笑。偶尔还有役使的情况。

　　在北宋，不断有外国进贡大象。为此，中央政府成立了一个新的机构，就是象养所。大象集中饲养在开封的玉津园里，其中有交趾（国名，在今越南）、安南（国名，在今越南）、真腊（国名，在今柬埔寨）、占城（国名，在今越南）、罗斛（国名，在今泰国）等进贡的大象。

在元代，皇帝外出巡幸时，坐的不是马，而是象辇。《马可·波罗游记》对元世祖忽必烈坐的象辇是这样描述的："忽必烈坐在木制的盆子里，这个盆子架在四只象的背上，象身用被火烤得干硬的厚皮保护着，并被披上宝鞍、铠甲。宝盆上有许多弩手和弓箭手。宝盆顶上飘扬着日月图案的皇旗。"史载，元泰定二年（1325），仍在制造象辇。

汉代鎏金铜象

在明代，北京出现了与大象有关的地名，象房（大象的住处）附近的一座小桥名叫"象房桥"，桥西的胡同名叫"象来街"，都是大象出入的必经之地。这些大象归锦衣卫统辖，被授予高低不等的武将官衔，有自己的品阶官位，立功了有奖，犯错误还会受罚。

清代时，大象仍然是皇帝的重要工具。清康熙二十八年（1689），康熙皇帝第二次南巡，并有画家跟随。在纪实画卷《康熙南巡图》描绘的銮驾行列中，就有11头大象。清代前期，象房从南亚国家补充了许多大象，象房每个的房间都有编号。据记载，清代象房至少有42间。乾隆五十八年（1711），养象数量最多，达到了39头。每头大象都配备有长22尺、宽18尺的毛毡、被子各1条，长25尺的铁链2条，木制饭桶、水桶各1个，以及许多配套的装具。每头大象每天的食料是官仓老米3斗、稻草160斤。此后，因象房养象太多，乾隆皇帝下旨说，若是再有外国贡象，暂交云南和广东的官府代养，待需要时再送到北京。到了咸丰年间，战乱不断，养象数量日趋减少。

海上丝路之舶来珍品

元代《大象与林伽石刻》

　　林伽，梵语（lingam）的音译，是"标志"的意思。是古印度教寺庙里膜拜神祇湿婆的象征物。

犀牛

中国不产犀牛，但从古代墓葬中出土的各式铜制或玉制的犀牛形态看，显然是写实之作，可知当时中国便与海外诸域有着密

汉代鎏金铜犀牛和驯犀俑

切的物质交往，一些珍奇异兽已传入中国内地，其中包括犀牛。商周时期就有青铜铸造的犀牛，唐高祖李渊陵前置一对巨型独角犀牛的石雕，各重6吨。犀牛一直都被视为辟邪镇凶护平安的祥瑞之物。道教文化中有八宝：火珠、铜钱、方胜（形状像由2个菱形部分重叠相连而成的一种首锢）、犀角、艾叶、银锭、珊瑚、书，犀角是其中之一。中国古代的聚宝盆中，除金银珠宝、珊瑚玉石外，肯定还有犀角一双。成语中有"犀角烛怪""心有灵犀""犀牛望月"等。《晋书·温峤传》中还记载了温峤用点燃的犀角照见了深潭中的妖怪使妖怪原形毕现的故事。

长颈鹿

非洲现代长颈鹿

长颈鹿是非洲特有动物，明代郑和下西洋时从非洲带回中国，一时轰动朝野，称作"麒麟"。据郑和亲自立的《天妃灵应之记碑》记载，永乐十五年（1417），郑和下西洋时，各国都争着进贡了本国的珍贵动物，其中"阿丹国进麒麟，番名祖剌法并长角马哈兽；木骨都束国进花福禄并狮子"。经专家考证指出，"木骨都束国进花福禄并狮子"，其中的"福禄"是索马里语"faro"的音译，是"马"的意思；花，则是意

译，指花纹、条纹。"花福禄"指的就是"斑马"。其所说"麒麟"是索马里语"giri"，即英文giraffe（长颈鹿）。《天妃灵应之记碑》中也说它"番名祖剌法"，因此可以说，进贡的麒麟就是长颈鹿。

以通事（翻译）的身份三次随郑和下西洋的马欢所撰《瀛涯胜览》一书中有如下描述："麒麟，前二足高九尺余，后两足约高六尺，头抬颈长一丈六尺，首昂后低，人莫能骑。头上有两肉角，在耳边。牛尾鹿身，蹄有三跲，匾口。食粟、豆、面饼。"由此描述不难看出，所谓"麒麟"即长颈鹿。据悉在日本，直到现在长颈鹿仍被称为"麒麟"。

麒麟原本是中国古代传说中的一种祥瑞之兽，麟凤龟龙被称为四大灵兽。至于为什么长颈鹿初到中国被称作麒麟，目前尚未有定论。有分析说，长颈鹿在明代传入中国之时，国人都从未见过这种动物，但因为长颈鹿的形态、习性与中国古籍描述的麒麟相当吻合，加上麒麟出现是太平盛世的祥兆，朝中大臣便认为这种动物应是麒麟。当时的皇帝明成祖也非常高兴，命令画师作麒麟图，还有大臣写出《瑞应麒麟颂并序》一文来表示祝贺。

明代郑和从非洲带回的长颈鹿

花本之秀

植物移植　文化交流

随着古代"海上丝绸之路"的开通和繁荣，东西方文化互相交流，互相影响，诸如西方的宗教、艺术、文学、服饰、风俗和生活习惯等异国情调的文化源源不断地传入我国，并在我国产生了深刻的影响。其中，"伟大而独特的植物移植也是一种文化运动"，是古代中外文化交流中的一个实例。作为古代"海上丝绸之路"东方起点的广州、泉州、明州（宁波）等地，许多外来植物先在此获得移植。

茉莉花

"好一朵茉莉花，好一朵茉莉花，满园花开，香也香不过它……"《茉莉花》这首中国民歌婉转悠扬的旋律早在300多年前就已飘扬海外，借助自鸣钟、八音盒、歌剧等载体，广为流传，成为外国人所熟知的中国古典名曲，并作为中国音乐和中国文化的象征成为中西文化交流的经典。

据文献记载，茉莉花这种长着"复瓣小白花，小巧玲珑，清香四溢，素洁光润"的植物本身是一种舶来品，大概在6世纪中期从印度经海路传入中国两广一带。《广群芳谱》说茉莉花"原出波斯，移植南海"。因此宋代诗人江奎有诗曰："灵种传闻出越裳，何人提携上蛮航。他年我若修花史，列作人间第一香。"说茉莉的香气为"人间第一香"。

目前，我国茉莉花的种植面积已经占到世界种植面积的65%，产量稳居全球之首。茉莉花的原产地在古代的波斯，即今天的伊朗。在西欧人眼里，茉莉花代表着和蔼可亲。菲律宾人则把它视为忠于祖国、忠于爱情

茉莉花蕾

盛开的茉莉花

清代绘画《茉莉花》

的象征，并推选为国花，每逢贵宾到来，常常将茉莉花编成花环献给客人，以示欢迎和尊重。

茉莉花泛海来华，最初在广东登陆，再逐渐传播到福建、浙江、江苏等地，而作为中国民歌的《茉莉花》也在江南产生并流行起来。作为舶来品的茉莉花进入中国之后，不但扮美了中国人的生活，还转化成精神产品，通过民歌这一载体流传到海外，并成为中国文化的一种象征，真正体现了中西传友谊，芳"香"播四海。

素馨花

素馨花最初源于海外，移植中国后，因其适应性较强，外表秀美，气味芬芳，用途广泛，为人们所喜爱。素馨花最初在岭南一带种植，享有美誉。宋代开始，逐渐传入福建、云南、浙江等地。明代，其种植范围进一步拓展，贵州、四川、山东、江西、陕西等省份也有了素馨花种植的记录。到了清代，素馨花的空间分布遍及东南沿海各省，其种植范围向北延伸至直隶等地。而素馨花市场需求的增加、种植技术的提高等因素促进了明清时期素馨花种植范围的大规模扩展。

据《佛教的植物》一书，素馨花的学名为Jasminum grandiflorum Linn。梵文Jati。木犀科，也叫阇提花、阇帝、阇底，佛教典籍中多有提及，为印度常见之妙花。素馨花很可能自印度传入中国。

素馨花冬夏均开，花朵中含有一种挥发得很慢但又浓郁的香气，旧时花农须在花朵含苞时采摘，以减少香气的散发。此时的花苞仅如一支火柴梗，天未明时即

素馨花

采之，以湿布覆盖以保鲜，集中运往花市出售。所以，屈大均的"花宜夜，乘夜乃开，上人头髻乃开，见月而益光艳，得人气而益馥，竟夕氤氲，至晓萎缩，犹有余味，怀之辟暑，吸之清肺气"，是诗意而确切的记载。广州人当时的买花盛况，屈大均《广东新语》有详细而经典的描述：

素馨花少女

"花客涉江买以归，列于九门。一时穿灯者、作串与璎珞者数百人，城内外买者万家，富者以斗斛，贫者以升，其量花如量珠然。

"又宜作灯，雕玉镂冰，玲珑四照，游冶者以导车马。

"儿女以花蒸油取液，为面脂头泽，谓能长发润肌。或取蓓蕾，杂佳茗贮之，或带露置于瓶中，经一宿，以其水点茗。或作格悬系瓮口，离酒一指许，以纸封之，旬日而酒香彻。其为龙涎香饼者，治以素馨，则韵味逾远。隆冬花少日雪花，摘经数日乃开，夏月花多，琼英狼藉，入夜满城如雪，触处皆香，信粤中之清丽物也。"

鸡蛋花

鸡蛋花（Plumeria rubra L. cv. Acutifolia），别名缅栀子、蛋黄花、印度素馨、大季花，夹竹桃科，鸡蛋花属落叶灌木或小乔木。小枝肥厚多肉。叶大，厚纸质，多聚生于枝顶，花冠筒状。外面乳白色，中心鲜黄色，极芳香。花期5—10月。

鸡蛋花夏季开花，清香优雅。落叶后，光秃的树干弯曲自然，其状甚美，因此又被称为"鹿角树"。适合于庭院、草地中栽植，也可盆栽，可入药。

在《植物名实图考》里，鸡蛋花被称作"缅栀子"，取这个名字，一是人们认为它来自缅甸，二是认为它的香气与栀子花近似。鸡蛋花的产地，岭南大家屈大均也语

鸡蛋花

焉不详，只是笼统地说"来自西洋"。现代植物学家经过缜密研究，则明言它产自美洲，具体而言，是在墨西哥，约16世纪中期经海路传到中国广东及东南亚地区。如今它是中国广东肇庆市花，也是老挝国花。

在中国西双版纳以及东南亚一些国家，鸡蛋花被小乘佛教寺院定为"五树六花"之一而被广泛栽植，故又名"庙树"或"塔树"。

夜来香

夜来香

清人张渠《粤东闻见录》载："夜来香，亦名夜兰，花似素馨花而小。其种亦自洋舶来。都门一本价可值二三金，吴中亦值数钱。若广东则民间率于篱落间杂植之，初不爱惜也。"如此说来，夜来香虽自外洋而来，然却并不视为名贵物种，只是杂种于藩篱门院之下，而且相当平民化，并无富贵奇艳之气。

夜来香，萝藦科藤状灌木，花序腋生，

花冠呈高脚碟状，黄绿色——我们如此科学地界定一下的原因是，有一种石蒜科多年生宿根草本的"晚香玉"，也常常被人称作"夜来香"。其实，入夜而香的花卉有很多，非是夜来香这一种花可独擅其名。

描写夜来香的诗句，似乎以清代女画家吴秀淑的最好："花颜叶色两难分，以架初疑是绿云。试唤小鬟帘外摘，今宵不用水沉香。"也许夜来香是花中香气最浓郁的，摘得一二枝插在闺房的花瓶里，便觉芳馨四溢，沁人心脾，都用不着再燃沉香木了。

珍珠兰

金粟兰科，常绿半灌木，直立或稍伏地。因其花如珠，其香似兰，故名珠兰。别名还有金粟兰（其花像粟粒）、茶兰（其叶如茶叶）、鸡爪兰（因其穗状花序酷似鸡爪）等。

珍珠兰

海上丝路之舶来珍品

珍珠兰花香味清雅，醇和耐久，颇似兰花，而浓香又胜于兰花，所以它虽不是兰花，却有兰名。昔时广东人也称它为"赛兰"，一名"暹兰"，因来自南洋暹罗（今泰国），故名。屈大均《广东新语·草语》描述："赛兰，长二三尺，茎叶离披甚弱，盛以美盎，以竹圈数重护之。性喜阴润，亦勿过湿，及以烟火相近。花如珍珠，如金粟，一枝辄作数串，分布若鸡爪，一名鸡爪兰，亦曰'碎兰'。四时有花，色黄绿而香经久不散。"岭南大家陈献章（白沙先生）亦有诗赞曰："南有赛兰香，名花人未识。光风散微馨，甘露洗新碧。一月薰蒸来，氤氲在肝膈。乃知方寸根，中禀天地塞。谁为续骚手，俯仰空凄恻。窗户悄无人，图书共昕夕。"

菩提树

据《大唐西域记·卷八·摩揭陁国上》记载："金刚座上菩提树者，即毕钵罗之树也，昔佛在世，高数百尺，屡经残伐，犹高四五丈。佛坐其下成等正觉，因而谓之菩提树焉。"此当是菩提树之名的由来。

据记载，菩提树原产于印度，又名思惟树、卑钵罗。

那么，印度菩提树何时移植广州光孝寺呢？据《羊城古钞·卷六》记载，广州光孝寺的菩提树是由天竺国（我国古代对印度的称谓）僧智药法师于梁天监元年（502）从其本国航海而带来的。梁朝时已有菩提树移植广州。

菩提树

贝多树

贝多是梵语，汉语译为叶贝多婆力义，即"叶树"的意思。《翻译名义集》卷三引《西域记》云："南印建那补罗国北不远有多罗树林三十余里"。多罗树即贝多树。又11世纪游历印度的阿拉伯旅行家贝鲁尼在游记里写道："在印度南部有一种细长的像枣树和椰子树一样的树，结实可吃，叶长一码，有并排起来的三个手指头那样宽。这种树的叶子叫作tari（taia或tar），就在上面写字。"

贝多树的原产地是印度。汉代移植广州。

贝多树

诃黎勒

诃黎勒为波斯植物。早在晋代已被南方人民所熟悉，并至晚在隋唐时期已在广州移植。

据《南方草木状》所记，这种波斯植物传入南方后，"似木梡，花白，子形如橄榄，六路皮肉相著，可作饮，变白髭发令黑。"

诃黎勒

以上我们简略了汉唐时期在广州种植的几种主要外来植物。这些外来植物有以下一些特征：①以波斯和印度两国的植物为主。②与中古时期的宗教有着十分密切的联系。如菩提树，为佛教释迦如来成道时树。贝多树叶可用来书写佛经，是很好的书写材料。诃黎勒，为佛家常用之药。③这些印度和波斯等地的植物主要是通过古代的僧人和商人传入广州的。植物移植也带来异国他乡的文化信息。

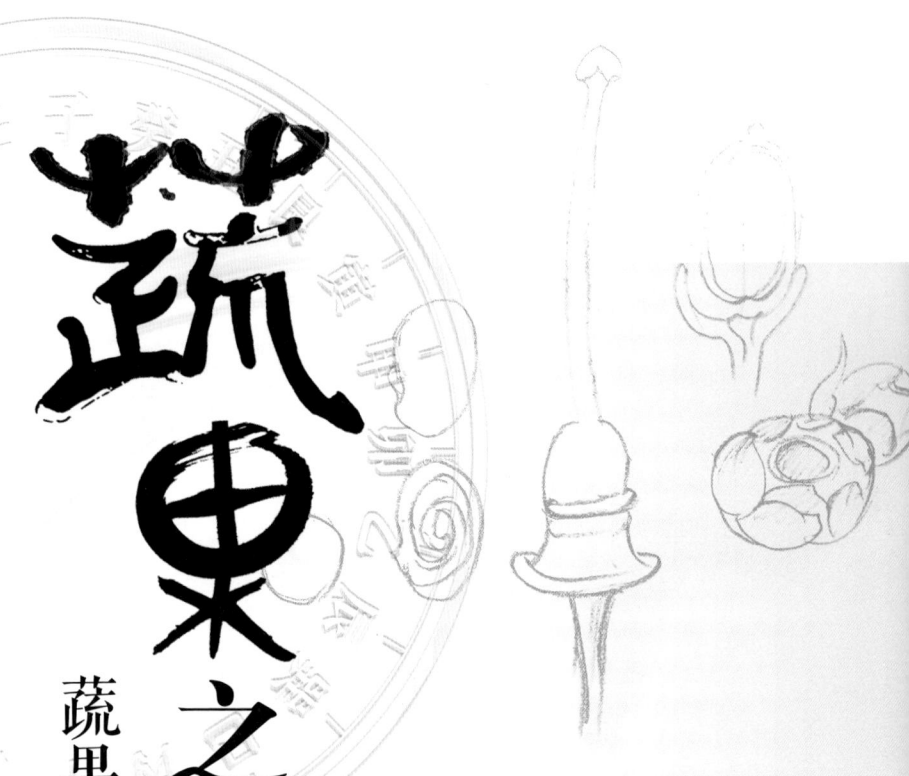

蔬果之食

蔬果引进

农业发展

我们现今食用的许多农作物，都是在漫长的历史时期由域外传入的。据统计，在中国现有的农作物（主要指大田作物、蔬菜和果树）中，至少有50余种来自国外。它们中的大部分是通过"陆上丝绸之路"及"海上丝绸之路"传入中国的。

中国引进外国作物有一个特点，但凡带"胡"字的，大多是两汉、南北朝传入中国的；还有一种是带"番"字的，就是明朝以后传入中国的美洲作物；第三种带"洋"字的，洋葱、洋白菜等，可能是清朝末年和民国时期传入中国的。所以，带"胡""番""洋"的作物，大体上指示了我们这些作物传入中国的不同时代。

16世纪以来，西方农业科学随着"海上丝绸之路"传入中国，诸多农作物的引进和种植对中国社会影响巨大。例如辣椒大约在明末清初由南美洲传入中国福建、广东，再辗转传播至内地。木瓜原产墨西哥，于明末清初传入中国广东。番茄原产秘鲁，约在明代晚期由葡萄牙人带入中国。南瓜原产南美洲，在明代中叶传到中国。马铃薯原产秘鲁、厄瓜多尔、哥伦比亚，于清代初年由荷兰人引入台湾种植，等等。这些蔬菜品种的引进和种植，对中国商品性农业的发展起着推动作用。

荷兰豆

荷兰豆也是清代由商船带入中国的农作物品种之一。相传是由荷兰人引进台湾的，因此称"荷兰豆"，它原本产在南欧地中海沿岸、亚洲中部。乾隆初年的《台湾府志》中便有记载："荷兰豆，种出荷兰，可充蔬品煮食，其

荷兰豆

色新绿，其味香嫩。"不久之后，这种蔬菜便传入广东。嘉庆年间的广东人刘世馨在《粤屑》一书中写道："荷兰豆，本外洋种，粤中向无有也。乾隆五十年，番船携其豆仁至十三行，分与土人种之……豆种自荷兰国来，故因以为名云。"

在英国的超市里，它用的是法语名"Mangetout"，直译过来是"全吃掉"的意思。在德国叫"Zuckererbsen"（糖豌豆）。和不少英语国家类似，在澳大利亚，它又叫"SnowPea"（雪豌豆）。在中国，"荷兰豆"也有很多名字，豌豆、菜豌豆、兰豆、雪豆、莫谷豆……全国各地流行各种不同的叫法。

荷兰豆从荷兰引进后，在台闽粤等地逐步得到传播。

豇豆

豇豆

豇豆又名豆角、角豆、饭豆、蔓豆、泼豇豆、黑脐豆、长豆角、长豆、腰豆、浆豆等，原产非洲。豇豆传到印度后形成了短荚豇豆种；在东南亚或中国形成了

荷叶蒸橄榄菜豇豆

长江豇豆亚种。约在汉代时传入中国。

土豆

土豆俗称马铃薯，祖籍南美洲，至今已有四五千年的历史了，当时的印加族人，不仅食用土豆，还把土豆当药用。

大约是在17世纪的明代中后期，马铃薯经海路传播到中国，由于马铃薯非常适合在原来粮食产量极低，只能生长莜麦的高寒地区生长，很快在内蒙古、河北、山西、陕西北部普及，马铃薯和玉米、番薯等从美洲传入的高产作物成为贫苦阶层的主要食品，对维持中国人口的迅速增加起到了重要作用。

徐光启（1562—1633）所写的《农政全书》中就记载有"土豆"。《农政全书》卷二十八中有下述一段话："土芋，一名土豆，一名黄独，蔓生叶如豆，根圆如鸡卵，内白皮黄，……煮食，亦可蒸食。又煮芋汁，洗腻衣，洁白如玉。"

2015年年初，学名"马铃薯"的土豆一下子火了起来。在一场题为"马铃薯主粮化发展战略"的研讨会上，农业部官员称，未来几年，我国将启动马铃薯主粮化战略，土豆将成为继稻米、小麦、玉米之后的又一主粮。

土豆

番薯

番薯传入我国已有400多年，而且是首先传入广东的粤西地区，然后遍及全国的，其中还流传着动人的故事呢。明朝万历年间，吴川有位医生叫林怀兰，他医术精，交游广，常在粤西、桂南一带行医。有一次，经朋友介绍，他医好了交趾国（即越南）守关大将的病，两人就成了好朋友。交趾国王有位公主，久病不愈，守关大将就介绍林怀兰医生给公主治病，几服药就痊愈了。国王非常高兴，为了答谢林医生，国王设盛宴招待。席间有熟番薯，林医生第一次吃番薯，觉得很好吃。他听说番薯生熟都能吃，就要了一个生番薯，吃了几口，剩下半截就放在衣袋里了。林医生出关时，半截番薯被查出来了。当时交趾国规定，番薯是严禁出境的，违者要杀头。这件事使守关大将左右为难，放医生出关是对国王不忠，依法办事对老朋友不义，他毅然送走林医生就自杀了。后来林医生顺利回到了家乡，番薯就在吴川、电白一带安家落户了。番薯耐旱耐瘠，粗生家种，产量高，很适合粤西地区种植，从此，粤西人民再不挨饥受饿了，他们怀着崇敬的心情，在电白建立了"番薯林公庙"，以纪念林怀兰医生引种番薯的功绩。

番薯

拍姜番薯糖水

由于番薯适应性强，能耐旱耐风耐瘠，病虫害少，旱地山地皆宜种植，所以很快就从广东传到福建、江苏、浙江各地种植。至清代前期，除新疆、西藏、内蒙古、东北等边远省份外，关内各省均已广泛种植番薯了。因为番薯产量高，"每亩可得数千斤，胜种五谷几倍。"（陈耀《甘薯录》）所以成为当时中国的重要粮食作物。如福建有："地瓜一种，济通省民之半。"（施保鸿《闽杂记》）其他地方也有"红薯半年粮"的谚语流传。

玉米

玉米原来叫玉蜀黍，各地俗名很多，粤语称为粟

清代西洋水彩画《岭南景物图——玉米》

米，闽南语称为番麦，也有的地方叫玉麦、玉黍、苞谷、包芦、棒子、珍珠米等名称，还有叫作六谷（也写作稑谷或鹿谷）的，意思是说五谷之外的又一种谷。

玉米原产美洲，很早就是美洲本地人的主要粮食作物，哥伦布发现美洲以后，才传到旧大陆各国的。玉米怎样传入中国，西方的学者有不同的推测。玉米最早传到我国的是广西，时间是1531年，距离哥伦布发现美洲不到40年。到明代末年，玉米已经传播到河北、山东、河南、陕西、甘肃、江苏、安徽、广东、广西、云南等10省。还有浙江、福建2省，虽然明代方志中没有记载，但有其他文献证明在明代已经栽培玉米。清初50多年间，到17世纪末（即康熙三十九年）为止，方志中记载玉米的比明代多了辽宁、山西、江西、湖南、湖北、四川6省。1701年以后，记载玉米的方志更多，到1718年为止，又增加了台湾、贵州2省。单就有记载的来说，从1531年到1718年的不到200年的时期内，玉米在我国已经传遍20省。

玉米

番茄

番茄又称西红柿、番柿、洋柿子等。番茄的起源中心是美洲的安第斯山地带，在秘鲁、厄瓜多尔、玻利维亚等地。原先是一种生长在森林里的野生浆果。当地人把它当作有毒的果子，称之为"狼桃"，只用来观赏，无人敢食。据记载，当时英国有个名叫俄罗达拉里的公爵到南美洲游历，第一次见到番茄，就被它艳丽的色彩所深深吸引，于是就把它带回了英国，作为稀世珍品献给他的情人伊丽莎白女王，以示对爱情的忠贞。此

清代绘画《番茄》

后，番茄便有了"爱情果"的美名。

直到18世纪，才有人冒险吃了番茄，从此知道了它的食用价值。相传，有一位法国画家看到番茄如此诱人，便萌生了尝尝它到底是什么滋味的念头。于是他冒着中毒致死的危险，壮着胆子吃下了一个，并穿好衣躺在床上等待"死神"的降临，然而过了老半天也未感到身体有什么不适，便索性接着再吃，只觉得有一种酸甜的味道，身体依旧安然无恙。这位冒险的画家仍好好地活着，从此他忍不住经常吃起来。这位画家不畏牺牲、勇敢地尝试番茄的趣话在各地传播开来。 到18世纪后期，意大利人开始尝试用番茄做菜，并传至世界各地。

番茄是西洋传教士约在明代的万历年间，和向日葵一起带到中国来的。很长时间作为观赏性植物。清朝的《群芳谱》载："番柿，一名六月柿，茎如蒿，高四五尺，叶如艾，花似榴，一枝结五实或三四实，一数二三十实。缚作架，最堪观。来自西番，故名。"直到清代末年，人们才开始食用番茄。

番茄

香茅茄汁焖黄豆

西洋菜

西洋菜，又称豆瓣菜，属十字花科，是一二年生水生草本植物。关于中国引种西洋菜，颇具传奇色彩。传说广东有位叫黄生的商人，在葡萄牙做生意。由于人地生疏，语言不通，生意不好做，加上经营劳累，不

西洋菜

久便病倒了。经医生诊断，他得的是肺病。这种病在当时被视为可怕的不治之症。患这种病的人多夭寿，且会传染给别人。黄生异国罹患，又无盘缠回乡治病，于是陷入了困境。当地政府惟恐黄生将肺病传染给他人，遂下令将他驱赶到荒凉的野外加以隔离。当时黄生贫病交迫，饥饿和求生的欲望促使他去采摘长在浅水中的一种野菜充饥。过了一段时间，奇迹出现了，他的咳嗽收敛了，吐血止住了，脸色渐渐红润起来，四肢也有力气了。慢慢地，肺病这种顽疾终于被"水菜"征服了。黄生恢复了健康，回到了里斯本继续经商，家道也渐渐殷实起来了，并娶妻生子。20世纪30年代，黄生及夫人回乡探亲时，把这种"水菜"种子带回故乡广东中山县栽种，并将部分种子分赠给澳门的亲友，后来又引种到香港。从此，这种可蔬可药的"水菜"开始造福于国人，并惠及香港、澳门同胞。由于当时澳门人习惯称葡萄牙人为"西洋人"，故而将这种"水菜"称为"西洋菜"。如今，粤港澳一直沿用这一名称，至于它的大名豆瓣菜，却很少有人知道。

117

辣椒

可以不夸张地说，辣椒改写了
中国人吃菜的历史。现在中国
许多菜系里都是有辣椒的，
比如川菜和湘菜。辣椒进入
中国，最早也是进入东南
沿海的，进入台湾、福建、
浙江、广东。但是，在当地并不成功，因为与当地的物
产、气候、生活习惯、口味不太符合。当地口味比较清
淡，偏甜偏淡的。但是辣椒却有一个辉煌的经历，它沿
着长江逆流而上，我们再看一下中国吃辣最厉害的几个
地方，基本都在长江流域，湖南、湖北、四川，另外还
有贵州和云南，辣椒又叫番椒，说明是外来的。也叫海
椒，也说明是从海上传入的。还有一种说法叫秦椒，秦
就是指陕西，这说明辣椒传入中国可能不止一个途径，
有一个途径可能是从西北陆路传入中国陕西的，所以叫
秦椒。还有一个途径是从日本、朝鲜半岛传入东北，又
从东北传入华北，所以，东北朝鲜族等也很喜欢吃辣椒。

辣椒原来生长在中南美洲的热带地区，于1493年由
殖民者带到欧洲。传入中国的年代未见具体记载，中国
最早关于辣椒的记载见于明代高濂所撰《遵生八笺》
（1591年成书），书中有"番椒丛生，白花，果俨似秃
笔头，味辣色红，甚可观"的描述，故通常认为辣椒是
明代末年传入中国的。辣椒传入中国有两条路径，一是
"陆上丝绸之路"，从西亚进入中国新疆、甘肃、陕西
等地，率先在中国西北栽种；一是"海上丝绸之路"，
经马六甲海峡进入南中国海，在中国云南、两广和湖南

辣椒

麻婆豆腐

等地栽培，然后逐渐向全国扩展。

辣椒进入中国以后，就在许多地方迅速蔓延。现在我们所说的"不怕辣，辣不怕，怕不辣"这些地方形成这样一种饮食习惯基本上是在清代末期，或民国初期。

改革开放以后，由于经济生活的活跃，食辣这种习惯已经以前所未有的速度，普及到了全国各地。

苹婆

苹婆

苹婆也叫凤眼果。相传三藏法师从西域携苹婆至广州，与诃黎勒、菩提树同植虞番苑（今光孝寺）内。广州的苹婆"实大如肥皂核，煨熟去皮，味如栗"。到元代，广州已大面积种植苹婆。《红楼梦十二曲·虚花语》有曰："闻说道西方宝树唤苹婆，上结着长生

清代绘画《苹婆》

果。"可见这种外来植物早已被中国人所知晓，并带有些虚幻神秘色彩。

花生

花生原产于南美洲巴西、秘鲁一带，明末清初由南洋群岛引入中国。1492年，哥伦布发现美洲，引发了欧洲人对这块所谓"新大陆"的注意。在美洲成功殖民后，16世纪后期，西班牙人进而在南亚的菲律宾建立殖民地，一些美洲农作物开始传入菲律宾，再由菲律宾传到南洋各地，并进一步传到中国。美洲作物的引种与传播成为明清时期我国农作物引进的一个显著特点。

花生传入中国后对人们的生活影响巨大。花生有着多种食用和药用价值，目前是中国三大油料作物之一，种植区域十分广阔，全国除西藏、青海、宁夏三省外都有种植。国内消费及出口的花生产区主要集中在华北平原和渤海沿岸地区，其中对欧出口主要是山东、辽宁、河北等省，这几个省因气候、土壤条件适宜，生产的花生品质高、口味好，在国际上享有较好的声誉，其花生出口总量占全国的85%以上。

花生

芒果

芒果原产印度，果实形态有椭圆形、肾脏形及倒卵形等，成熟果之果皮有绿色、黄色而至紫红色，果肉为黄色或橙黄色，果汁及纤维因品种而异。芒果味道甘醇，形色美艳，是著名的热带水果，被誉为"热带水果之王"。

传说古代印度有个虔诚的信徒曾将自己的芒果园

献给释迦牟尼，好让他在树荫下休息。

在印度的佛教和印度教的寺院里都能见到芒果树的叶、花和果的图案。印度教徒认为芒果花的五瓣代表爱神卡马德瓦的五支箭，用芒果来供奉女神萨拉斯瓦蒂。

人们一致认为，第一个把芒果介绍到印度以外的人是中国唐朝的高僧玄奘法师，在《大唐西域记》中有"庵波罗果，见珍于世"这样的记载。而后传入泰国、马来西亚、菲律宾和印度尼西亚等东南亚国家，再传到了地中海沿岸国家，直到18世纪后才陆续传到巴西、西印度群岛和美国佛罗里达州等地。

芒果

清代绘画《芒果》

世界上许多国家都有各自喜爱的芒果品种，泰国人常常爱说自己的芒果是世界上最好的，并且喜爱一种叫"婆罗门米亚"的芒果，意思是"卖老婆的婆罗门"，因为传说有个酷爱芒果的婆罗门竟把老婆卖了买芒果吃。印度人把阿方索芒果、佩珊芒果和孟加拉芒果当作珍品。斯里兰卡人喜爱的是鹦鱼芒果和卢比芒果。菲律宾人欣赏的是加拉巴奥芒果，并将它改名为马尼拉超级芒果。

我国芒果的经济栽培地区有广东、广西、海南、四川、福建、云南、台湾等省区。栽培最多的是海南省，分布在陵水、保亭、乐东、东方、昌江、崖县等，年产约500万吨。四川的攀枝花市年产量近2万吨，广西的南宁、钦州、百色、玉林，云南的西双版纳、德宏、思茅，福建的安溪、漳州、厦门等地，均有相当产量的芒果。

杨桃

杨桃在晋代时就传入中国，因其悬挂枝头而称为"桃"，且因此水果是过洋而来的，故称为"洋桃"，后因笔误成为"杨桃"。在美国杨桃原名Carambola，但不易记忆，于是大家就以其横切面的图样称为星星果StarFruit。

杨桃，中国是主产地之一，是久负盛名的岭南佳果之一。原产马来西亚、印度尼西亚，广泛种植于热带各地。广东、广西、福建、台湾、云南有栽培。

清代李调元《南越笔记》记载，"洋桃，其种自

洋桃

清代绘画《杨桃》

大洋来，一曰羊桃。树高五六丈，大者数围，花红色，一蒂数子，七八月间熟，色如蜡。一名三敛子，亦曰山敛。敛，棱也，有五棱者，名五敛。以糯米水浇则甜，名糯洋桃，广人以为蔬，能避岚瘴之毒。中蛊者，捣自然汁饮，毒即吐出。脯之，或白蜜渍之，持自北方，不能水土与疟疾者皆可治。"

西番莲

　　西番莲学名Passiflora caeruleaL.，为多年生常绿攀缘木质藤本植物，是一种芳香可口的水果，有"果汁之王"的美誉。又名受难果、巴西果、藤桃、热情果、转心莲、西洋鞠、转枝莲、洋酸茄花、时计草。原产于巴

西番莲

西，后来在南美、南非、东南亚各国、澳洲和南太平洋各地区都有种植。

西番莲茎圆柱形并微有棱角，无毛，花大，淡绿色；浆果卵圆球形至近圆球形，熟时橙黄色或黄色。

在美洲印第安人的传说中，西番莲是白天的女儿。她承袭了父亲给予的热情阳光，总是洋溢着灿烂笑容，她是森林和草地中最美的花朵。有一天，当晨星初升，西番莲在睡梦中被一阵嘈杂声吵醒。她张开眼睛一看，河边有一位少年正在玩水。他的俊美容貌使西番莲一见钟情，爱上了他。这位少年不像西番莲在白天所看到的其他人，他是黑夜的向导，只在夜间出现。西番莲对这位黑夜向导十分爱慕，时时刻刻计算时间，等待夜晚的来临，盼望见到黑夜向导一面。

莲雾

莲雾又名洋蒲桃、紫蒲桃、水蒲桃、水石榴、辇雾、琏雾，是桃金娘科热带水果，原产印度、马来西亚和爪哇，尤以爪哇栽培的最为著名，故又有"爪哇蒲桃"之称。

莲雾17世纪传入中国台湾。在海南莲雾被称为"点不"，也称为"扑通"，因为经常从树上掉下来扑通一声响，有些海南人只认识"点不"，却不知道莲雾为何物。在广东它也被称作"棉花果"，潮汕地区称为"莲雾"或"无花果"。果实顶端扁平，表面有蜡质的光泽。莲雾的种类很多，果色鲜艳，有的呈青绿色，有的呈粉红色，还有的呈大红色。广东及广西都有栽培，果实供食用。

莲雾

果肉呈海绵质，略有苹果香味。汁多味美，营养丰富，含蛋白质、脂肪、矿物质，不但风味特殊，也是清凉解渴的圣品。同时，莲雾还具有开胃、爽口、利尿、清热以及安神等食疗功效。以鲜食为主，也可盐渍、制罐头及脱水蜜饯或果汁，也可当菜炒肉丝、炒鱿鱼。

木瓜

木瓜为灌木或小乔木，原产地是南美洲，现已遍布于世界上的热带、亚热带地区。17世纪初，从南美洲传入东方。在我国，有关木瓜的记载，最早见于17世纪末的《岭南杂志》一书。书中称木瓜为蓬生果、乳果，对木瓜的植物学性状、结果习性、种植方法及食用价值等也有记载。由此可见，木瓜在中国栽培已约有300年的历史。现产山东、陕西、湖北、江西、安徽、江苏、浙江、广东、广西等地。

木瓜果肉厚实，香浓鲜甜，素有"岭南果王"之称。无论是直接食用还是以之入馔，都备受众多食客喜爱。木瓜含有多种酶、维生素和矿物质，有消暑解渴、润肺止咳的功效。

木瓜

南瓜

南瓜原产于南美洲，栽培历史悠久，哥伦布将其带回欧洲，以后被葡萄牙引种到日本、印度尼西亚、菲律宾等地，明代开始进入中国。李时珍在《本草纲目》中说："南瓜种出南番，转入闽浙，今燕京诸处亦有之矣。二月下种，宜沙沃地，四月生苗，引蔓甚繁，一蔓可延十余丈……其子如冬瓜子，其肉厚色黄，不可生食，惟去皮瓤瀹，味如山药，同猪肉煮食更良，亦可蜜煎。"

值得注意的是，元代贾铭在《饮食须知》中也曾提到"南瓜"，他说："南瓜味甘、性温，多食发脚气黄疸。同羊肉食，令人气壅。忌与猪肝、赤豆、荞麦面同食。"但此时哥伦布尚未发现美洲大陆，而中国亦未发现南瓜的其他野生种，因此书中"南瓜"绝非今天我们所说的南瓜，而是其他的瓜类植物。只是今天的南瓜也不适合与羊肉同食，故以讹传讹，甚至派生出"南瓜早就传入中国""亚洲也是南瓜原产地"等错误的说法。

清水老南瓜

南瓜的优点非常明显，它产量大、易成活、营养丰富，荒年可以代粮，故又称"饭瓜""米瓜"。《北墅抱瓮录》中说："南瓜愈老愈佳，宜用子瞻煮黄州猪肉之法，少水缓火，蒸令极熟，味甘腻，且极香。"所谓"子瞻煮黄州猪肉之法"，就是苏东坡制作东坡肉的方法，可见人们已将南瓜视为珍物。

南瓜

从古籍上看，当时人们不仅吃果实，还吃叶，比如"以叶作菹，去筋净乃妙"，花亦能食，"泡以开水盐渍之，署日以代干菜"，但食花需去其心和须，否则太苦，而南瓜茎则可以"织屦（jù，古时用麻葛等制成的鞋）及缫（sāo）作丝为绦紃（xún）等物"。此外还用南瓜泡酒，被认为有利于保健，《本草求原》载："蒸晒浸酒佳。其藤甘苦、微寒。平肝和胃，通经络，利血脉。"

波罗蜜

有趣的是，光绪之前甚少见"南瓜"之说，多以"番瓜""翻瓜""蕃瓜""房瓜""窝瓜"称之，一方面是说它来自海外，一方面是说它体量巨大。此外还有"金瓜"一说，因为它色泽金黄，且有药用价值。鸦片泛滥时，南瓜常被用作药物，以治疗烟瘾。

波罗蜜

波罗蜜又名优钵昙，梵语音译。最早提及波罗蜜的汉文资料是《梁书》，书中说它产于波斯国。由古籍记载可知，波罗蜜也是印度植物。

早在梁代广州已移植波罗蜜树了。

向日葵

向日葵

向日葵原产于北美洲，约16世纪中叶（即中国明代中后期）引入中国，如今所知最早记载向日葵的文献为明朝人王象晋所著《群芳谱》（1621），该书中尚无"向日葵"一名，只在"花谱三·菊"中附"丈菊"曰："丈菊，名本番菊，又名迎阳花，茎长丈余，秆坚粗如竹，叶类麻，多直生，虽有分枝，只生一花大如盘盂，单瓣色黄，心皆作窠如蜂房状，至秋渐紫黑而坚，取其子种之甚易生，花有毒能堕胎。""向日葵"之名，见于明人文震亨《长物志》（约1635）。1820年谢方在《花木小志》中言向日葵处处有之，既可观赏，又可食用，说明向日葵已在中国广为种植并为人们所重视。

葵花子

向日葵最先是由航行到北美洲的西班牙人发现，并把这一异域品种带到欧洲种植欣赏，后来又经海路引入中国，最初在中国东南沿海江苏浙江一带种植，后来逐渐推广到中国内陆各地，这与明清时期密集发达的水路交通的日臻完善分不开的。

偏核桃

偏核桃，一说出自波斯国，一说出自占卑国。唐代杜环的《经行纪》还说大食国有"榍桃"，总之，偏核桃产于波斯湾沿岸的一些国家。

这种植物最早什么时候移植广州，史无详考。波斯人常把这种植物称作"婆淡"。唐人记载，说波斯人爱吃偏核桃，又说偏核桃能作药用。

大食国

　　是中国唐、宋时期对阿拉伯人、阿拉伯帝国的专称和对伊朗语地区穆斯林的泛称。

偏核桃

海上丝路之舶来珍品

香料之味

舶来香料　丰富生活

香料的产地多在域外，是古代中国从海外进口的最大宗商品之一。中国熏香历史渊源久远，秦汉时期，随着"海上丝绸之路"的开辟和拓展，为域外香料的输入提供了条件。诸多来自海外的名贵香料便源源不断进入中国，并移植了某些芳香植物，如龙脑香、迷迭香、乳香、安息香、苏合香、沉香、丁香等。至唐宋时期，香文化臻于鼎盛，自宫廷到民间，无不以熏香为时尚，所以国内外有人又将"海上丝绸之路"称作"海上香料之路"。

汉代传入中国的香料有哪些？文献上往往笼统记载为"香"，而不言具体品种。历史上传入中国的香料品种很多，这些香料不仅丰富了中国人的物质和文化生活，也对经济社会发展产生了积极的影响。尽管香料属于生活的奢侈品，香料的输入起初更多地为上层贵族统治阶层服务，但是随着中外交流的开展，这些舶来品促进了不同国家、不同地区和不同民族相互间的认知和不同文明的互动，从而推动人类文明的不断跃升。

胡椒

从域外传入中国的香料中，胡椒在社会生活中的影响最大。胡椒是多年生常绿攀援藤本植物，在中国古代文献中又称蒟（jǔ）酱、荜拔。西晋嵇（jī）含《南方草木状》云："蒟酱，荜芨也。生于番国者，大而紫，谓之荜芨；生于番禺者，小而青，谓之蒟焉；可以为食，故谓之酱焉。交趾、九真人家多种蔓生。"

"胡椒"的"胡"表明这种植物或其果实来自域外，"椒"是香料植物及其果实的通称，主要属于花椒属植物。胡椒原产于波斯、阿拉伯、非洲、南亚及东南亚等地区，从海路和西北陆路传入中国。

胡椒

胡椒是古代印度大量出产的著名香料，不仅传入中国，也和中国的丝绸一样，远销欧洲。从印度洋向东至中国南方沿海和经红海至地中海的海上通道因此又称"香料之路"，这是一条沟通亚、非、欧三大陆之间贸易往来的重要通道。

胡椒的移植、贸易和扩散是东西方文化交流的一个重要媒介，对中国丝绸和印度胡椒的追求是欧洲人东方贸易的重要动力。公元1世纪时古罗马作家老普林（PlineL'Ancien）感叹罗马"每年至少有1亿枚罗马银币被印度、赛里斯国以及阿拉伯半岛夺走"。罗马流往印度的银币主要用来支付香料的费用。印度是罗马东方贸易的中转站，也是汉代海外贸易的重要地区，东汉末年罗马人最早来到中国同样是通过海上交通实现的。此后，胡椒在西方世界历史进程中发挥了更加重要的作用。

9世纪时，威尼斯商人在君士坦丁堡购买东南亚诸岛所产的丁香、肉桂、豆蔻、胡椒等香料，转销欧洲，获得了丰厚利润。15世纪，欧洲人发现海上新航路，葡萄牙人、荷兰人先后侵入香料产地，将大批香料运入欧洲市场。

16世纪，胡椒开始在马达加斯加岛、巽他群岛，以及马来西亚与东南亚的其他地区进行栽培，但这些地区种植的胡椒大多用于与中国的贸易，或者用于满足当地的需求。马拉巴尔地区的港口是远东地区香料贸易在

香料药物

　　1974年，在泉州湾后渚港发掘了一艘南宋末年的沉船，出水了未经脱水的香料药物2300多千克，图中从左到右分别为檀香、龙涎香和胡椒。

印度洋的中转港。胡椒因其特殊功用成为欧洲人生活中的必需品，与其他珍贵的商品一起成为促使欧洲人寻找印度新航线并建立殖民地的原因之一。在寻找新航线的过程中，欧洲人发现并殖民了美洲。

从某种意义上说，胡椒和远东地区的其他商品一起激发了欧洲人对东方贸易的渴望，开创了地理大发现的时代，改变了世界历史的进程。

龙脑香

龙脑香是由龙脑树树干析出的白色晶体，具有类似樟脑的香气，原产于东南亚苏门答腊岛、加里曼丹岛、马来半岛和婆罗洲等地。

龙脑香料最先是从南海输入中国的。《史记·货殖列传》说："番禺（今广州）亦其一都会也，珠玑、犀象、玳瑁、果布之凑。"其中"果布"就是生产于南洋的"固布婆律"（马来语Kapur）的音译，即龙脑香，是从龙脑树的木材中蒸馏出来的白色晶体，又名冰片。主要生长在南洋印尼群岛等地近海的密林中。根据《史记·货殖列传》的记载，此物于西汉时在广州非罕见之物，并逐渐流传至湖广、江南及中州地区。

龙脑香

婆利国在今印度尼西亚，具体地点不详，有巴厘岛、加里曼丹岛、苏门答腊岛诸说。从考古发现的材料来看，广州南越国时期的墓葬中出土的铜熏炉腹内常有灰烬或炭粒状香料残存，广西罗泊湾2号汉墓出土的铜熏炉"内盛两块白色椭圆形粉末块状物"，学者认为可能属龙脑香或沉香之类的树脂香料残留物。

迷迭香

迷迭香是一种具有清香气息的香花，在温暖的微风及炎热太阳下会释放出香气，原产于南欧、北非、南亚、西亚等地，并引种于暖温带地区。《魏略·西戎传》所记载大秦出12种香中便有"迷迭"。晋郭义恭《广志》云："迷迭出西海中。"迷迭至迟汉末时已经移植中国。曹丕《迷迭赋》序云："余种迷迭于庭之中，嘉其扬条吐香，馥有令芳，乃为之赋。"赋中又云："越万里而来征。"曹植《迷迭香赋》中写道："播西都之丽草兮，应青春而凝晖……芳莫秋之幽兰兮，丽昆仑之芝英。"王粲《迷迭赋》云："受中和之正气兮，承阴阳之灵休。扬丰馨于西裔兮，布和种于中州。"他们都强调其来自远方异域，而且来自西方。东汉文人陈琳、应场等皆有同题之作，都热情洋溢地赞美迷迭的枝干花叶之优美及其芳香之酷烈。

迷迭香

丁香

丁香即丁香属植物，又指丁香属植物树上的花蕾，因花筒细长如几丁且香故名，别名丁子香，原产于南亚、东南亚及马达加斯加，引种于热带地区。在中国古代文献上又称为鸡舌香，这种鸡舌香汉代时已传入中国，用于口含以除口臭。应劭《汉官仪》记载："桓帝侍中刁存，年老口臭，上出鸡舌香与含之。"实

丁香干品

际上刁存并非特例，汉代尚书郎上殿，"握兰含香，趋走丹墀奏事"乃常规。"尚书郎奏事明光殿，省中皆胡粉涂壁，其边以丹漆地，故曰丹墀。尚书郎含鸡舌香，伏其下奏事。黄门侍郎对揖跪受。"这种香曾被曹操当作礼物送给蜀相诸葛亮，云："今奉鸡舌香五斤，以表微意。"三国孙吴康泰《外国传》云："五马洲出鸡舌香。"五马洲又称马五洲，在今印度尼西亚，具体地点不详，可能在巴厘岛。

乳香

乳香别名"熏陆"，汉译佛典中译为"杜噜"，《翻译名义集》卷八云："杜噜，此云熏陆。"乳香是应用极广的香料，可以用来熏香、照明、调味，还可用以活血止痛。

1983年，广州象岗山南越王赵眜墓西耳室的一个漆盒内发现的树脂状药物，外形与泉州后渚宋船内发现的乳香类似，因此专家断定为乳香。乳香主产于红海沿岸，真正生产乳香的地区是南阿拉伯的也门哈德拉茂省，史书上没有见到南越国与红海沿岸地区交通往来的记载，因此当地发现的乳香可能是从南亚地区间接输入的。三国时万震的《南洲异物志》云："熏陆出大秦国。在海边有大树，枝叶正如古松，生于沙中。盛夏木胶流出沙上，状如桃胶。夷人采取卖与商贾，无贾则自食之。"《魏略·西戎传》记载大秦12种香，其中有"熏陆"。古书上大秦范围很广，西亚地中海沿岸地区也在其中。南朝时中国医家已经以乳香入药，最早见于梁代陶弘景《名医别录》，以为能"疗主风水毒肿，

乳香

去恶气……疗风瘾疹痒毒"。《大唐西域记》记载，南印度阿吒厘国"出熏陆香树，树叶若棠梨也"。

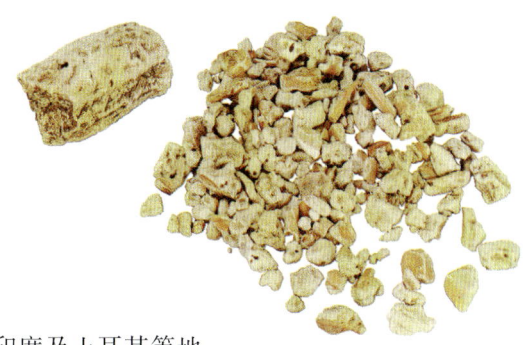

苏合香

苏合香产于非洲、亚洲的印度及土耳其等地，为金缕梅科植物苏合香树分泌的树脂，又名帝膏、苏合油、苏合香油、帝油流。

苏合香用途很广，汉代人对苏合香已有较多的了解，并应用于宫廷。《后汉书·西域传》记载大秦国（古罗马）出苏合香，并云："合会诸香，煎其汁以为苏合。"西晋傅玄《郁金赋》有"凌苏合之殊珍"之句，称之为"殊珍"，意谓来自域外。《梁书·诸夷传》的"中天竺国"条以为苏合乃"大秦珍物"，说中天竺"西与大秦、安息交市海中"，所以国中"多大秦珍物"，其中包括苏合。关于苏合香之制作，书中记载"苏合是合诸香汁煎之，非自然一物"。

苏合香

苏合香对醒脑开窍有奇效，又能清热止痛，作外敷药。宋人赵汝适《诸蕃志》云："苏合香油出大食国。""蕃人多用以涂身，闽人患大风者亦仿之，可合软香及入医用。"

沉香

中国古代文献中有时写作沈香、琼脂。沉香气味香如蜜，所以又称为蜜香。入水下沉，又称沉水香。印

沉香

度、缅甸及柬埔寨、马来半岛、南中国、菲律宾、摩鹿加群岛等地皆产沉香木。《诸蕃志》云："沉香所出非一，真腊为上，占城次之，三佛齐、阇婆等为下。"这些地方皆在东南亚一带。

沉香树树心部位受到外伤或真菌感染刺激后，会大量分泌带有浓郁香味的树脂，即沉香。沉香的采集非常危险，必须经过原始森林，穿越山崖，因此十分珍贵。古印度药书中曾记载焚烧沉香，其熏烟可使身体染上香味，并可用来作为治愈外伤及伤口的药材，也有镇痛作用。

安息香

安息香，原产于古安息国、龟兹国、漕国以及阿拉伯半岛地区，唐宋时因以旧名。苏敬《新修本草》（世称《唐本草1》）曰："安息香，味辛，香、平、无毒。主心腹恶气鬼。西戎似松脂，黄黑各为块，新者亦柔韧。"

据说该香是从安息香树伤口处流出的树脂凝固而成，中国原从波斯商贾手中购买此香，《新修本草》说它出于西戎，当指古代波斯，后来改从东南亚购进，所以李珣《海药本草》说它生于"南海波斯国"。《诸蕃志》云："安息香出三佛齐国，其香乃树之脂也。"

安息香是中国较早从海外进口的香料，《西阳杂俎》前集卷十八云："安息香树，出波斯国，波斯呼为辟邪。树长三丈，皮色黄黑，叶有四角，经寒不凋。二月开花，黄色，花心微碧，不结实。刻其树皮，其胶如饴，名安息香。六七月坚凝，乃取之。烧之通神明，辟

沉香

众恶。"李时珍说："此香辟恶，安息诸邪，故名。或云：安息，国名也。梵书谓之拙贝罗香。"

汉代文献称波斯之地为安息国，魏晋以后安息国不复存在，而称此地产香料为安息香者，可能沿袭汉代旧称。据此推测，安息香应该在汉代已经传入。

安息香

郁金香

郁金香别名郁香、红蓝花、紫述香、洋荷花、草麝香。由于地中海的气候，郁金香形成了适应冬季湿冷和夏季干热的特点，但其确切起源已难于考证，现时多认为起源于锡兰及地中海偏西南方向的地区。

郁金香

郁金香所散发的香气使人为之倾倒，姿态高雅脱俗，清新隽永。西晋傅玄《郁金赋》把郁金与外来的苏合香相比，"气芳馥而含芳，凌苏合之殊珍"，暗示郁金也是来自域外的殊珍。西晋左芬《郁金颂》则明言其从域外传入，"伊此奇草，名曰郁金，越自殊域，厥珍来寻"。《梁书·诸夷传》"中天竺国"条特别强调："郁金独出罽宾国，华色正黄而细，与芙蓉华里被莲者相似。国人先取以上佛寺，积日香槁，乃粪去之。贾人从寺中征雇，以转卖于他国也。"李时珍《本草纲目》引陈藏器曰："郁金香生大秦国，二月、三月有花，状如红蓝；四月、五月采花，即香也。"

郁金香汉代时已移植中国，东汉朱穆曾专门作《郁金赋》云："众华烂以俱发，郁金邈其无双。比光荣于秋菊，齐英茂乎春松。"朱穆是东汉中晚期人，其赋中并未提及郁金香来自何处，说明这种异域花种已为人们司空见惯。

汉代青铜熏炉

熏香

　　中国汉代考古常发现有各式熏炉，此与当时普遍流行的熏香习俗有关。广州南越国时期墓葬中常见熏炉出土，广西贵县罗泊湾2号墓和贺县高寨南越贵族墓中也出土熏炉，从出土物所反映的情况看，南越国时期熏炉的式样较丰富，多为豆形熏炉，当中既有陶制，也有铜制。说明南越国时期，熏香习俗是贵族阶层的流行风尚。

汉代陶熏炉

　　南越国时期出现了海外舶来的香料，和中国本土的熏草不同，这些香料都属于树脂类。南越王墓出土的乳香，就是典型的树脂类香料。乳香之名译自阿拉伯语Luban，别名熏陆香，是梵语Kunda或Kundurn的转音。为橄榄科植物卡氏乳香树的胶树脂，主要产于阿拉伯地区的红海沿岸，包括了索马里、也门、阿曼等地，以及南阿拉伯半岛。自古以来乳香都是阿拉伯地区重要的商贸物产，在阿拉伯，至少公元前2000年就使用乳香了，如《圣经》记载的示巴王国，那里盛产乳香："成群的骆驼，并以甸和以法德独峰驼……示巴的众人，都必来到，要奉上黄金乳香，又要传说耶和华的赞美。"乳香受到埃及、古罗马及其他国家人民的高度喜爱，常用于熏香和止痛，并广泛应用于宗教祭祀和丧葬仪式等活动中。《魏略·西戎传》中提到大秦国出产的12种香料之中就有乳香。晋郭义恭《广志》曰："熏陆出胶州，又大秦海边人采与贾人易谷，若无贾人，取食之。"从这些记载来看，从大秦进口的乳香主要是通过南方地区输入的，汉代乳香是否已经输入中国虽无文献记载，但从南越王墓的发现来看，乳香在西汉初期就已经传入中国了。

汉代鎏金铜熏炉

海上丝路之舶来珍品

烟草

烟草是印第安人的一种产品，在印第安人那里有两种功能，一种是祭司用品，一种是药品，用于治疗风湿。

烟草

香烟

西班牙殖民者进入美洲以后，看到印第安人吸烟非常惊异，看到印第安人拿个（竹）筒子一边着火一面冒烟，很奇怪，但很快他们也学会了抽烟，当这些殖民官员和商人把烟草带回欧洲的时候，又在欧洲引起了很大惊异，看到人抽烟也以为着火了。

那么，把烟草变成一种抽烟的恶习，这个不能怪印第安人，只是说烟草进入欧洲、进入中国以后，它发展出来的一种特殊功能，变成一种人们的消费习惯。

附录 I 《大德南海志》记载来华舶货

元代与中国交往的海外国家、地区之多，盛况空前。与此相对应的是进出口商品种类数量的增加。《大德南海志》记载了8大类70多种来华舶货，如下表：

宝物	象牙、犀角、鹤顶、真（珍）珠、珊瑚、碧甸子、翠毛、龟筒、玳瑁
布匹	白番布、花番布、草布、剪绒布、剪毛单
香货	沉香、速香、黄熟香、打拍香、暗八香、粗熟、乌香、奇楠木、降香、檀香、戎香、蔷薇水、乳香、金颜香
药物	星瑙、阿魏、没药、胡椒、丁香、肉豆蔻、白豆蔻、豆蔻花、乌爹泥、茴香、硫磺（黄）、血竭、木香、荜拨、木兰皮、番白芷、雄黄、苏合油、荜澄茄
诸木	苏木、射木、乌木、红柴
皮货	鲨鱼皮、皮席、皮枕头、七鳞皮
牛蹄角	白牛蹄、白牛角
杂物	黄蜡、风油子、紫梗、磨末、草珠、花白纸、藤席、孔雀毛、大青、鹦鹉、螺壳、巴淡子

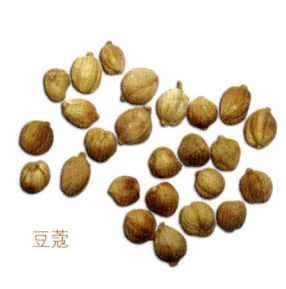

豆蔻

硫磺（黄）

附录 II 《岛夷志略》记载来华舶货

《岛夷志略》一书记载了各海外国家的物产和从国外进口的商品。各国地产中相当部分出口至中国。各国从国外进口的商品相当一部分也来自中国，特别是其中的手工业制成品。现将经常与中国交往的国家的地产和从中国进口的商品简录如下：

麻逸国	物产	木绵（棉）、黄蜡、玳瑁、槟榔、花布
	从中国进口的商品	鼎、铁块、五采（彩）红布、红绢、牙锭
交趾国	物产	沙金、白银、铜、锡、铅、象牙、翠毛、肉桂、槟榔
	从中国进口的商品	各色绫罗匹帛、青布、牙梳、纸扎、青铜、铁器
占城国	物产	红柴、茄蓝木、打布
	从中国进口的商品	青瓷花碗、金银首饰、酒、花布、烧珠
真腊国	物产	黄蜡、犀牛角、孔雀、沉速香、苏木、大风子、翠羽
	从中国进口的商品	金银、黄红烧珠、龙缎、建宁锦、丝布
丹马令国	物产	上等白锡、米脑、龟筒、鹤顶、降真香及黄熟香头
	从中国进口的商品	甘理布、红布、清白花碗、鼓
罗斛国	物产	罗斛香、苏木、犀角、象牙、翠羽、黄腊（蜡）
	从中国进口的商品	青器、印花布、金、锡、南海布、槟榔

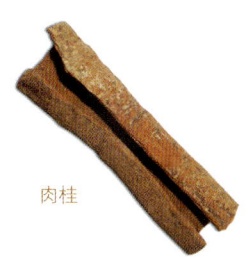

槟榔

肉桂

（续表）

三佛齐国	物产	梅花片脑、中等降真香、槟榔、木棉布、细花木
	从中国进口的商品	色绢、红硝珠、丝布、花布、铜铁锅
渤泥国	物产	降真香、黄蜡、玳瑁、梅花片脑
	从中国进口的商品	白银、赤金、色缎、牙箱、铁器
暹罗国	物产	苏木、花锡、大风子、象牙、翠羽
	从中国进口的商品	硝珠、水银、青布、铜铁
爪哇国	物产	青盐、胡椒、印布、绵羊、鹦鹉
	从中国进口的商品	硝珠、金银、青缎、色绢、清白花碗、铁器
龙牙犀角国	物产	沉香、鹤顶、降真、蜜糖、黄熟香头
	从中国进口的商品	土印布、八都剌布、清白花碗
波斯离国	物产	琥珀、软锦、驼毛、腽肭脐、没药、万年枣
	从中国进口的商品	土布、绸缎、木材、青瓷、铁锅

附录Ⅲ 《万历明会典》记载来华舶货

    《万历明会典》所记，主要有下面的7大类共160多种进口商品，经浙江、福建、广东三市舶司（管理贸易的官方机构）进入中国。

香料类	胡椒、苏木、乌木、黄花木、花梨木、丁香、檀香、速香、木香、沉香、降真香、黄熟香、安息香、龙涎香、奇南香、薰衣香、黑线香、抹身香、金银香、土降香、柏香、烧碎香、花藤香、麻藤香、沉栗香、丁皮香、龙脑、米脑、香蜡、脑油、苏合油、蔷薇水等
珍禽异兽类	鹦鹉、孔雀、火鸡、莺哥、象、犀、白鹿、黑熊、倒挂鸟、红猴、白麂、白獭、黄黑虎、麒麟、黑猿、五色鹦鹉、黑小厮、撒哈刺象
奇珍类	珊瑚、玳瑁、鹤顶、珍珠、翠毛、龟筒、宝石、象牙、犀角、水晶、玛瑙、孔府翎
药材类	没药、紫梗、藤黄、阿魏、人参、丁皮、血竭、芦荟、紫胶、肉豆蔻、大枫子、闷虫药、荜澄茄
军事用品类	弓、枪、剑、盔、铠、腰刀、马、马鞍等
手工业原料	锡、红铜、石膏、琉璃、碗石、牛皮、磨刀石、番红土、西洋铁、回回青
手工业制品类	竹布、角盨、锁服、金绦环、金系腰、贴金扇、纸扇、白绵油、细花席、西洋布、皮剔布、琉璃瓶、番花手巾、金银器皿、洒金厨子、洒金文台、描金粉盒、洒金手箱、各式苎布、龙文廉席、红丝花手巾、彩纱、红绵布、白绵布、乌绵布、圆璧花布、花红边缦、杂色缦、番花手巾帕、兜罗绵被、白缠头布、红撒哈刺布、红地绞节智布、红杜花头布、红边白暗花布、绵棋子花布、织人像花文打布、芯布、油红布、西洋细布、竹布、纸扇、宝石、金戒指、铜鼓、织红花丝灯布、剪绒丝杂色花被面、丝杂丝竹布、红花丝手巾、织人像杂色红文丝缦、西洋铁、铁枪、摺铁刀、金镶戒指、撒哈刺白芯布、姜黄布、撒都细布、花缦、番锡、番盐、菱张席、灰筒、番刀弓

结语

在世界文明发展史上，"陆上丝绸之路"与"海上丝绸之路"是两条极其重要的枢纽和通道，同样是东西相向，同样是辽远漫长，而后者更加广阔且绵延不绝，这似乎是人类文明历程的必然选择和形态。古老壮阔的"海上丝绸之路"，跨越浩瀚大海，把中国与世界连接起来，交流贸易，互通有无，中国的丝绸、瓷器、茶叶等物产越洋过海，远销他乡；海外远国的奇珍异兽、珠宝香料，也源源不断地输入中国。"文明如水，润物无声"，形形色色的海外舶来品逐渐丰富和改善了中国人的生活，扩展了中国人的视野，活跃了中国人的思维，其功至伟，泽沛于今。

宋代鎏金腰带

在广东阳江"南海Ⅰ号"宋代古沉船出水，呈麻花状，接口处雕饰大量细致的花纹，闪亮精美，极具西域锻造工艺风格，很可能是来自古代西亚地区的手工珍品。

唐代球形镂空串宝金耳坠

参考文献

[1] 张星烺. 中西交通史料汇编[M]. 北京：中华书局，1977.

[2] 朱杰勤. 中外关系史论文集[M]. 郑州：河南人民出版社，1984.

[3] 章巽. 我国古代的海上交通[M]. 上海：上海新知识出版社，1986.

[4] 周一良. 中外文化交流史[M]. 郑州：河南人民出版社，1987.

[5] 陈柏坚. 广州外贸史[M]. 广州：广州出版社，1995.

[6] 蔡鸿森. 广州与海洋文明[M]. 广州：中山大学出版社，1997.

[7] 黄启臣. 广东海上丝绸之路[M]. 广州：经济出版社，2003.

[8] 广州市文物管理委员会. 广州汉墓[M]. 北京：文物出版社，1981.

[9] 广州市文化局. 文化遗产：海上丝绸之路[M]. 北京：文物出版社，2008.

[10] 广州博物馆. 广州历史文化图册[M]. 北京：文物出版社，2009.

[11] 广州市文化局. 广州市文物志[M]. 广州：岭南美术出版社，1990.

[12] 西汉南越王博物馆. 西汉南越王墓[M]. 北京：文物出版社，1991.

[13] 广州百科全书编委会. 广州百科全书[M]. 北京：中国百科全书出版社，1994.

清代传入中国的银制器皿

[14] 广东百科全书编委会. 广东百科全书[M]. 北京：
    中国百科全书出版社，1995.

[15] 孙卫明. 千年花事[M]. 广州：羊城晚报出版社，
    2009.

[16] 曾玲玲. 瓷话中国：走向世界的中国外销瓷[M].
    北京：商务印书局，2014.

[17] 夏鼐. 扬州拉丁文墓碑和广州威尼斯银币[J]. 考
    古，1997（6）.

[18] 安家瑶. 中国的早期玻璃器皿[J]. 考古学报，
    1984（4）.

[19] 全洪. 广州出土海上丝绸之路遗物源流初探[J].
    华南考古，2004（1）.

[20] 许檀. 鸦片战争后珠江三角洲的商品经济与近代化
    [J]. 清史研究，1994（3）.

清代传入中国的玻璃瓶

水压消防车

　　清宣统三年
（1911）广州生产
的水压消防车。车体
为木，刻有"真庆宫
宣统三年"及"永
隆制造"等字样。车
中间有水泵，靠横杆
加压出水。这种原理
应出自英国。

[21] 李久芳. 金属胎珐琅器[M]. 上海：上海科学技术出版社，2001.

[22] 国家文物局. 海上丝绸之路[M]. 北京：文物出版社，2014.

[23] 广州博物馆. 广州历史陈列图册[M]. 北京：文物出版社，2009.

[24] 海上丝绸之路研究中心. 跨越海洋[M]. 宁波：宁波出版社，2012.

[25] 广州博物馆. 海贸遗珍——18—20世纪初广州外销艺术品[M]. 上海：上海古籍出版社，2005.

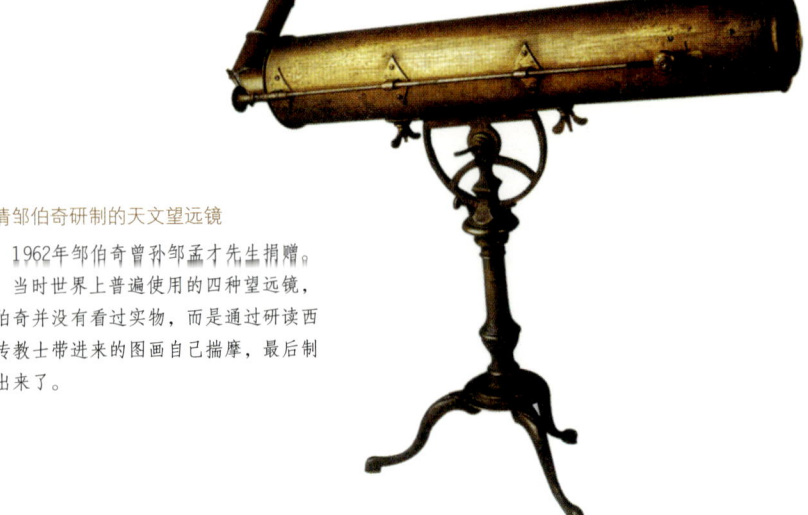

晚清邹伯奇研制的天文望远镜

  1962年邹伯奇曾孙邹孟才先生捐赠。

  当时世界上普遍使用的四种望远镜，邹伯奇并没有看过实物，而是通过研读西方传教士带进来的图画自己揣摩，最后制作出来了。

清代绘画《番荔枝》

　　番荔枝原产热带中美洲，约17世纪中后期（中国明代中晚期）由荷兰人带到台湾，后又传播至中国福建、浙江、广东、广西、海南等地。因形似中国荔枝，又来自海外，故称作"番荔枝"，又称为"释伽果"。

图书在版编目（CIP）数据

海上丝路之舶来珍品/陈鸿钧编著. —广州：广东科技出版社，2017.6

（海上丝绸之路青少年科普丛书/王元林主编）

ISBN 978-7-5359-6761-9

Ⅰ．①海… Ⅱ．①陈… Ⅲ．①历史文物—世界—青少年读物 Ⅳ．①K86-49

中国版本图书馆CIP数据核字（2017）第140965号

特别鸣谢

　　本丛书在编辑出版过程中，得到了周运中、何国卫、骏骓堂、梁坚、崔策等先生和许佳、蒋怡韵女士的大力支持，在此一并致谢！

海上丝路之舶来珍品 Haishang Silu Zhi Bolai Zhenpin

项目策划：丁春玲	http://www.gdstp.com.cn
执行策划：姚　芸	E-mail：gdkjjyxb@gdstp.com.cn（营销）
项目支持：崔坚志	E-mail：gdkjjzbb@gdstp.com.cn（编务室）
责任编辑：姚　芸	经　销：广东新华发行集团股份有限公司
黎青青	印　刷：广州市岭美彩印有限公司
装帧设计：李　树	（广州荔湾区花地大道南海南工商贸易区A幢
责任校对：陈　静	邮政编码：510385）
责任印制：彭海波	规　格：889mm×1 194mm　1/32　印张5　字数100千
排　版：广州市友间文化传播有限公司	版　次：2017年6月第1版
出版发行：广东科技出版社	2017年6月第1次印刷
（广州市环市东路水荫路11号	
邮政编码：510075）	定　价：33.00元

如发现因印装质量问题影响阅读，请与承印厂联系调换。